재테크 생초보의 좌충우돌 경매 도전기

월급 200만원인데 부동산 경매 투자 어떻게 하지?

기낭이 김동찬 지음

프로젝트A

재테크 생초보의 좌충우돌 경매 도전기

월급 200만원인데 부동산 경매 투자 어떻게 하지?

기낭이 김동찬 지음

프로젝트A

프롤로그

첫 낙찰을 향한
첫걸음을 위한 책

처음 '부동산 경매'라는 단어를 접했을 때 누군가의 마음속에 먼저 자리 잡은 건 '기회'가 아닌 '두려움'일 것입니다. 신문에서, 유튜브에서, 그리고 커뮤니티 게시판에서 들려오는 말들은 대부분 경매에 대해서 부정적인 단어입니다.

"낙찰받으면 좋은데, 권리분석 잘못하면 인생 망한다."
"싸게 사는 만큼 뒤탈도 많다."
"임차인 대항력? 말소기준권리? 그런 거 제대로 몰랐다가 쪽박 찬다."

하지만 이상하게도 저는 그 세계가 궁금했습니다. 누군가는 도망가는 세계에서 저는 한 발 더 가까이 다가갔고 결국 법원 경매 물건 하나하나를 정독하며 일일이 실매물을 비교하고 감정평가서와 등기부등본을 반복해서 읽기 시작했습니다. 그렇게 몇 번의 실패를 경험하고 처음으로 성공적인 낙찰을 경험하며 부동산을 정말 저렴하게 살 수 있는 방법이 있구나 깨닫게 되었습니다. 이후 노하우가 쌓이며 경매 전문 투자자의 길을 걷고 있습니다.

경매는 단순한 매매가 아니라고 생각합니다. 경매는 '판단의 연속'이라고 생각하고 끊임없이 사례와 많은 경험의 반복이라고 생각합니다. 간단하게, 내가 원하는 가격에 부동산을 살 수 있는 하나의 도구라고 생각하면 됩니다.

수많은 물건 중 어느 것을 선택할지, 이 권리분석이 정말 맞는 것인지, 지금 입찰가가 나의 기준을 넘지는 않았는지, 이 투자가 내 삶을 앞으로 끌어줄 수 있는지……. 이 모든 질문에 스스로 답을 내리며 움직여야 합니다. 그래서 경매는 투자의 기술이기 전에 시장을 바라보는 눈도 필요하다고 생각합니다.

이 책은 제가 경매 시장 바라보면서 최근 전세사기 피해 사례들이 많은데 그 상황을 모티브로 창작한 이야기 형식의 경매책입니다.

'오로지 실전에서만 배울 수 있는 것이 무엇인가'를 토대로 정리해보았습니다. 오랫동안 경매사건들을 비교해 가며 권리관계를 비교하고, 임차인을 만나고 느꼈던 경험들은 인터넷 검색만으로는 절대 얻을 수 없는 이야기들을 담기 위해 노력했습니다.

누군가는 묻습니다. "경매로 부자가 되셨나요?"라고요. 글쎄요. 아직 엄청난 자산가는 아닙니다. 하지만 저는 분명히 말할 수 있습니다. 다만 경매를 통해 부동산을 싸게 살 수 있는 방법이 있고, 내 자산을 지킬 수도 있는 방법도 있다고 말입니다.

결국 대한민국은 하나의 정보와 경험 지식이 쌓여야 자신을 지킬 수 있습니다. 이 책을 읽는 당신이 만약 지금 두려움 반으로 경매의 세계를 바라보고 있다면 이 책으로 기초 지식을 갖출 수 있을 것입니다.

경매 투자를 하고 싶다면, 망설이지 마세요. 경매는 잘 준비된 사람이 언제나 한발 앞서는 판입니다. 이 책이 당신의 첫 낙찰을 돕는 길잡이가 되어주길 바라며 당신의 판단이 결국 당신을 부자로 만들 수 있음을 믿습니다.

기낭이 김동찬

| 차례 |

프롤로그 4

 **PART 1 마른하늘에 날벼락!
전세 사기 피해자가 되다**

01 뭐? 집이 경매로 넘어간다고?	14
02 도대체 왜 내 집이 경매에 나오게 된 걸까?	20
03 난생처음 법원 입찰장을 가다	25
04 권리분석? 최우선 변제금? 그게 뭐죠?	35
05 경매에 넘어간 이유? 근저당을 보면 보인다	42
06 전입신고와 확정일자 때문에 보증금을 못 받는다고?	46

PART 2
경매 기초: 검색과 사건 분석
"선생님, 경매를 배우고 싶습니다"

- **01** 경매 공부의 첫걸음, 대항력 　　　　　　　　　　　56
- **02** 경매의 기초, 배당 우선순위 　　　　　　　　　　　60
- **03** 부동산 경매 정보는 어디서 봐야 할까 　　　　　　65
- **04** [임차인이 있는 사례 1] 전입신고일자와 확정일자가
  말소기준등기일보다 빠른 경우 　　　　　　　　　　76
- **05** [임차인이 있는 사례 2] 전입신고일자와 확정일자가
  말소기준등기일보다 느린 경우 　　　　　　　　　　81
- **06** [임차인이 있는 사례 3] 전입신고일자는 말소기준등기일보다
  빠르고 확정일자는 말소기준등기일보다 느린 경우 　86
- **07** [임차인이 있는 사례 4] 전입신고일자는 말소기준등기일보다
  느리고 확정일자는 말소기준등기일보다 빠른 경우 　94

경매 실전: 권리분석과 수익률 계산
"동네 물건부터 시작해 살고 싶은 지역의 물건까지 보고 또 보고"

- 01 한눈에 보는 권리분석 4단계 … 100
- 02 수월할 수도, 복잡할 수도 있는 명도 … 106
- 03 명도 과정이 복잡해지더라도 결국은 해결된다 … 111
- 04 셀프 등기로 수익률을 높일 수 있다 … 119
- 05 수익률 계산에 반드시 포함해야 할 취득세와 양도세 … 124
- 06 부동산 매매사업자로 경매할 때의 장단점 … 130

경매 노하우: 고수는 이것이 다르다
"경매로 돈을 벌고 싶습니다"

- 01 재개발 지역 빌라 경매 … 136
- 02 10년 이내 지어진 다가구주택 경매 … 143
- 03 위장 임차인으로 의심되는 물건 경매 … 147
- 04 지분 물건 경매 … 152
- 05 상가 물건 경매 … 157

경매 심화: 경매 입찰 전 알아두면 좋은 것
"보증금 10%를 날리는 일이 없도록!"

- **01** 매각 후에도 소멸되지 않는 권리, 유치권 — 166
- **02** 매각 후에도 소멸되지 않는 권리, 선순위가등기 — 170
- **03** 매각 후에도 소멸되지 않는 권리, 법정지상권 — 174
- **04** 배당요구하지 않은 선순위 전세권 — 178
- **05** 등기부등본에서 왜 날짜 체크가 중요한가 — 183
- **06** 알아두면 유용한 강제 집행 절차 — 188
- **07** 특이한 경매 사례 3가지 — 195
- **08** 디데이, 내가 살고 있는 집이 경매에 오른 날 — 200

마른하늘에 날벼락!
전세 사기 피해자 되다

01

뭐? 집이 경매로 넘어간다고?!

오랜만에 친구들과 금요일을 맞아 술을 진탕 마시고 아침 해와 함께 귀가하던 날이었다. 들어오는 길에 우편함에서 챙겨 들고 온 우편물. 졸음기인지 취기인지 모르게 멍한 채로 부스럭부스럭 우편물을 뜯어 읽었다. 그리고 정신이 확 들었다. 읽고, 또 읽어봤는데……. 내가 살고 있는 집이 경매로 넘어가니 사용하고 있는 이 집의 권리신고를 하라는 연락이었다.

 이게 무슨 말이야? 권리신고? 나는 임차인인데? 전세 계약을 했는데 집이 경매로 넘어간다고? 설마…….

부랴부랴 권리신고안내서에 있는 법원 전화번호로 전화를 걸었다. 담당 법원 직원과 겨우 연락이 닿아 현재 내 상황에 대한 설명을 간단히 전해 들었다. 당장 내가 할 일은 임대차계약서와 보증금 얼마에 살고 있는지를 법원에 신고해야 한다고.
전화를 끊고 당장 집주인에게 전화를 걸어보았지만 통화 연결

권리신고안내서

사건 : 20XX타경12345 부동산임의(강제)경매

위 사건에 대하여 귀하가 사용(점유)하고 있는 부동산이 서울서부지원에 경매가 신청되어 법원의 명령에 따라 서울서부지원 소속 집행관이 부동산의 현황, 정유관계 차임 또는 보증금의 액수, 그 밖의 현황 등을 조사하기 위해서 방문하였으나 귀하를 만나지 못하여 안내문을 드리오니 소유자 및 임차인, 점유자께서는 궁금한 사항이 있으시면 아래 연락처로 문의하여 주시기 바랍니다.

참고로 귀하가 소액임차인 또는 확정일자를 받은 임차인일 때에는 다음 서류를 첨부 하여 서울서부지원 2층(민사집행과)253호에 배당요구 종기일(202X. 10. 29)까지 권리신고 및 배당요구서를 제출하셔야만 법률의 규정에 따른 보호를 받으실수 있음을 알려 드립니다.

다 음

1. 해당 부동산에 전입한 일자가 기재된 주민등록표(동)초본(주소변동사항포함) 1통
2. 임대자계약서(전 · 월세 계약서) 사본 1통
- 계약서상에 확정일자를 받은 경우에는 그 확정일자가 선명하게 나오도록 사본하여 주시고, 상가 공장 등인 경우 관할 세무서 발행의 "상가건물 임대차 현황서"를 함께 첨부하여 주시기 바랍니다.
3. 해당 부동산이 다가구가 거주하는 건물인 경우 건품의 내부구조와 점유부분을 표시한 5면
• 도면은 면적 등이 정확히 나타날 필요는 없고, 임차인의 정유부분을 특정할 수 있을 정도로 표시하면 됩니다.

※ 임차인의 경우 위 서류의 제출이 없으면 서울서부지원 담당 경매계로부터 임차인 통지서 및 경매진행상황을 통지 받으실 수 없는 등의 불이익을 받을 수 있습니다.
"권리신고 및 배당요구 신청서 양식은 법원에 비치되어 있으며, 대법원 홈페이지 (http://wwww.scourt.eo.kr)의 전자민원센터/양식모음 메뉴에서 출력하여 사용할 수도 있습니다.
• 정확한 배당요구 종기일과 권리신고 및 배당요구신청에 관한 자세한 내용은 법원경매정보 홈페이지(hltp://ww.courtaucton.fo.kc 게시자료를 참고하시거나 또는 서울서부지원 민사 집행(신청)과로 문의하시기 바랍니다.

현황 조사중입니다
꼭 연락주세요
202X. 08. 01
서울서부지원 집행관 사무소

권리신고안내서 양식

음만 울릴 뿐 전화를 받지 않았다. 여느 때와 같은 토요일 아침인데, 가슴은 쿵쾅대고 머릿속은 팽팽 정신없다. 평온한 일상에 대체 이게 무슨 날벼락인지…….

나는 부동산 지식이라곤 전혀 없다. 애당초 이 집이 내 첫 자췻집이다. 대학 졸업 후 고향에서는 취직이 어려워 서울로 올라왔다. 어렵게 취직에 성공했고 그날부로 회사와 가까운 거리의 지역에 있는 공인중개사사무소에 갔다. 그리고 부동산 사장님이 보여주는 집 중에서 마음에 드는 곳을 고르고 전월세 계약을 했다.

보증금 8,000만 원에 월세 80만 원 계약이다. 고향에 있는 엄마가 취직했다고 겨우 5,000만 원을 보태주었고 월세는 내가 내고 있다. 월급 280만 원으로 나름 목돈 모아보겠다고 열심히 살았다.

그런데 뜬금없이 법원에서 이런 연락이 오니 머리가 막막하다. 뉴스에서나 보던 일이 실제로 발생한다니 이제 어떻게 해야 할지 모르겠다. 법원 직원 말로는 나의 소중한 보증금 8,000만 원이 날아갈 수도 있다고 한다. 정말 8,000만 원이 날아가는 건가? 엄마가 열심히 평생 모은 돈인데 이거 날릴 수도 있다니……. 세상에 대한 모든 원망이 생긴다. 왜 하필 나야…….

안 그래도 계약이 6개월 정도 남아서 다른 집으로 이사 갈까 고민 중이었다. 근데 이 보증금을 못 돌려받으면 다른 곳으로 이사 갈 수도 없단다. 당연히 보증금을 돌려받을 줄 알았는데.

머릿속으로 고민하는 중에도 손가락으로는 계속 집주인에게 전화를 걸었다. 집주인은 이제 아예 전화기를 꺼놓았는지 곧바로 안내멘트로 넘어간다.

 에이 설마 보증금 안 돌려주진 않겠지. 부모님한테는 뭐라고 하지?

일주일 후.
얼굴도 보지 못한 집주인에게 틈틈이 연락해보았지만 전화를 받지 않았다. 답답한 마음에 전세 계약을 맺었던 공인중개사사무소에 찾아가보았지만 중개사사무소 사장님도 마땅한 대책이 없다고 했다. 오히려 나에게 전세보증금 가입 안 했었냐고 되묻는 게 아닌가.

 사장님이 아무 문제도 없다고 했잖아요.

 제가 그 집주인 사정까지 다 알진 못하죠. 안 그래도 이것 때문에 연락 오는 사람이 너무 많아서…….

중개소 사장님이 오히려 나에게 다른 세입자를 구해 보증금을 받으라고 한다.

 네? 제가 세입자를 구하라고요?

   어이없어서 말이 안 나왔다. 아니, 나도 보증금을 못 돌려받는데 다른 세입자를 구해서 보증금을 받으라니 이게 말인가 방구인가. 이게 바로 신종 전세 폭탄 돌리기?!

02

도대체 왜 내 집이 경매에 나오게 된 걸까?

사실 부동산에 대해서 잘 모른다. 부동산은 투자금도 너무 많이 들어가서 깊이 공부해야 할 영역이 아니라고 생각했다. 남들 다 하는 주식에나 조금 투자했지……. 코인도 슬쩍 해보았지만 주식이든 코인이든 수익률이랄 것도 없다. 솔직히 나는 마이너스의 손이다. 단 한 번도 투자에 성공해 돈을 벌어본 적이 없다. 그래서 투자하는 데 주저함이 생긴 것 같다. 더군다나 부동산은 미지의 영역이라 막연한 공포심도 들었다.

하지만 집이 경매로 넘어간다는 소리를 듣는 순간 더는 문외한이어서는 안 됨을 실감했다. 특히 '부동산 경매'의 순서와 방법에 대해서 알아야겠다고 생각했다.

부동산 경매는 예전에 유튜브 알고리즘으로 뜬 섬네일에서 얼핏 본 적이 있다. 막연히 '착한 사람들을 내쫓고 그 집을 싸게 사는 것'이라는 이미지가 있었다. 남 이야기라고만 생각했는데, 내가 살고 있는 집이 경매로 넘어간단다. 대체 어디서부터 공부해야 할지 너무 막막하다.

일단 내가 살고 있는 집에 대해서 알아야 했다. 인터넷에 '전세사기 당했을 때 대처법'을 검색해보니 여러 방법이 나왔다. 우선은 등기부등본을 열어봐야 한다고 한다.

등기부등본은 정부 24를 들어가서 확인할 수 있다. 지금까지 태어나서 한 번도 등기부등본을 떼본 적이 없다. 공인인증서로 인증을 하고 몇백 원의 수수료를 내니 내가 사는 집의 등기부등본을 확인할 수가 있었다.

등기부등본은 표제부 갑구 을구로 구성되었다. 그중에서도 갑구는 부동산 소유에 대한 권리 사항이 나오고 을구는 소유권 이외의 사항이 나온다. 등기부등본을 보니 내가 계약을 맺었을 때 표시되지 않았던 이상한 글자가 많이 보였다.

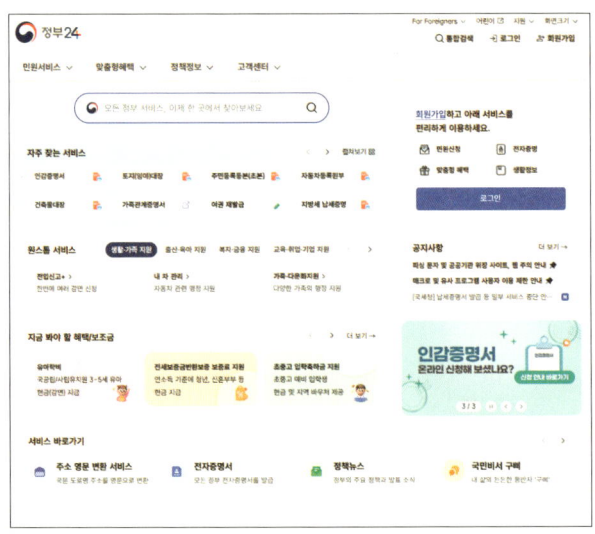

정부24 홈페이지

뭐야, 갑구에 압류, 가압류가 잔뜩 걸려 있네? 을구에도 근저당이 설정되어 있는데 이게 얼마야……. 근저당과 가압류 총합이 5억이 넘는다고?!

---

1) 압류
<민사소송법>상 채무자의 특정재산을 강제적으로 확보하려는 목적. 압류의 본질은 채무자의 처분권을 박탈하는 데 있으며, 압류한 뒤에 환가의 절차를 거쳐 집행을 실현하게 되는 목적으로 걸어둔다.

2) 가압류
금전 또는 금전으로 환산할 수 있는 청구권을 그대로 두면 장래 강제집행이 불가능하게 되기 때문에 채무자의 재산에 압류를 하여 현상을 보전하고, 그 변경을 금지하여 장래의 강제집행을 보전하려는 절차

임차인이니 굳이 등기부등본을 떼볼 필요는 없다고 생각했다. 하지만 생각보다 상황이 심각했다. 등기부등본에 압류, 가압류, 근저당 같은 무서운 단어들이 즐비했다. 순간 공포에 질렸다.

내가 살고 있는 부동산의 가치가 많이 떨어져서 4억도 안되는 것 같은데 근저당과 가압류 합이 5억이 넘는다면 나는 돈을 하나도 못 돌려받는 건가? 혹시 이거 내가 다 물어줘야 되는거 아니야?!

원래도 사서 걱정하는 성격인데, 무서운 단어와 큰 금액을 확인하니 쫄보가 될 수밖에 없었다. 인생에 살면서 가장 큰 시련이 찾아왔다. 나는 전세 사기 피해자가 된 것이다.

03

난생처음
법원 입찰장을 가다

느닷없이 심각한 상황이라 마음은 초조해 집중은 안 되고……. 부동산 경매에 대해 생판 모르는 상태에서 혼자 공부하려니 한계를 느꼈다. 관련 책을 들춰봐도 도대체 무슨 이야기인지 알 수가 없었다. 인터넷이나 지인들 통해 소위 부동산 경매 전문가를 수소문하려 해도 왠지 다 사기꾼 같다. 한번 뒤통수를 세게 맞고 나니 모든 게 의심스러웠다.

알아보니 요즘에는 부동산 경매 학원도 있는데, 그런 곳 대부분이 사람들 돈 모아 공동 투자하는 곳이며 그나마도 수익률 못 내는 경우가 많다고. 괜찮아 보여서 찾아가면 정작 지식은 알려주지 않고 학원비로 몇백만 원씩 내라고 한단다.

 도대체 전문가는 어디 있는 거지?

법원에서는 내가 살고 있는 집이 경매로 나오려면 앞으로 6개월 정도 남았다고 알려주었다. 배당요구종기일까지 나의 권리신고를 하라는데……. 배당요구종기일이 대체 무슨 말인지……. 검색엔진으로 알아보니, 법원에 나의 임차 권리 사항을 2개월 안에 신고해야 한다는 뜻이었다. 임차 권리 사항은 또 뭔지, 신고는 또 어떻게 해야 하는지…….

머릿속이 복잡하고 가슴속이 답답해질 뿐이다. 이대로는 안 되겠다 싶어서, 내가 살고 있는 지역의 법원을 검색해보았더니 때마침 오늘 법원 경매가 있다고 나와 있었다. 오전 10시까지 법원에 가서 일단 경매가 어떻게 진행되는지 살펴봐야겠다.

내 인생에 법원에 올 날이 있을 줄이야. 엄마가 법원이든 경찰서든 그런 곳에 들락날락하는 일 절대 만들지 말랬는데……. 법원 입찰장에 가보니 생각보다 사람이 많았다.

 사람들이 이렇게 경매에 관심이 많구나. 나만 모르는 세상이 여기 있었네.

젊은 사람부터 나이 많은 사람까지 다양했다. 법원 경매는 10시에 시작한다고 쓰여 있었는데 막상 입찰 마감은 11시 15분쯤 마감이 되었다. 기일 입찰표, 입찰 보증금 봉투, 입찰 봉투 양식이 법원 입찰장 내부에 비치되어 있었다.

사실 어젯밤에 입찰하는 방법을 벼락치기로 공부했다. 생각보다 입찰하는 방식은 간단하였다.

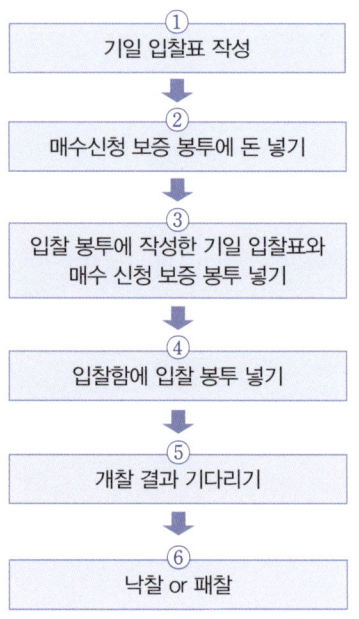

절차와 방식이 간단해 보여도 큰돈이 오가는 것이니만큼 실수하지 않도록 세세히 신경 써야 한다. 작은 실수 하나로 크나큰 낭패를 입을 수 있기 때문이다. 경험 삼아 와본 입찰장에서 큰 사건이 있었다.

입찰이 이루어지는 과정을 지켜보는데, 무려 1,111억 원에 낙찰되는 아파트가 탄생했다. 1억 정도 되는 아파트의 낙찰가가 무려 1,111억 원에 낙찰된 것이다.

 이게 무슨 일이야?! 1,111억?!

알고 보니 기일 입찰표의 입찰가를 숫자로 적는 공란에 작대기 하나를 오른쪽에서 왼쪽으로 그어버렸나 보다. 보통 X표를 하라고 하는데 X표 중 작대기 하나만 그었는데 법원에서는 1,111억 원으로 인식해버렸다. 입찰한 사람은 원래 1억 넘게 쓰려고 했는데 이런 실수가 나와버린 것이다. 낙찰된 사람은 쩔쩔매며 무슨 방법이 없느냐고 사정했다.

주변에 있는 사람들의 이야기를 들어보니, 기일 입찰표를 잘못 쓰고 떨어진 사람도 많고 도장을 잘 못 찍은 사람도 많은 것 같다. 그 밖에도 여러 가지 실수 사례가 들려왔다.

법원에 본인이 방문을 못 하여 대리인이 입찰하는 경우가 있는데, 이때 인감도장을 찍는 데 주의해야 하고 입찰자 본인의 인감증명서도 같이 첨부해야 한다. 간혹 인감증명서와 인감도장이 일치하지 않아 1등 가격이 되었는데도 패찰이 되는 경우가 있다.

또 입찰 봉투 상단에 입찰자용 수취증은 경매 끝날 때까지 꼭 가지고 있어야 한다. 사건 하나하나 끝나고 패찰할 경우 수취증을 보여줘야 보증금을 돌려받을 수 있기 때문이다.

[전산양식 A3360] 기일입찰표(흰색) 용지규격 210mm×297mm(A4용지)

(앞면)

기 일 입 찰 표

① 서울중앙지방법원 집행관 귀하   ② 입찰기일 : 20XX년 1월 28일

③ 사건번호	2009 타 경 12345 호	물건번호 ④ ※물건번호가 여러개 있는 경우에는 꼭 기재

입찰자	⑤ 본인	성 명	기냥이 ㉙	전화번호	010-1234-1234
		주민(사업자)등록번호	200101-1234567	법인등록번호	
		주 소	서울특별시 강남구 역삼동 111-11 부자아파트 1동 101호		
	대리인	성 명	㉙	본인과의 관계	
		주민등록번호		전화번호	-
		주 소			

⑥ 입찰가격	천억	백억	십억	억	천만	백만	십만	만	천	백	십	일	
				1	0	0	0	0	0	0	0	0	원

⑦ 보증금액	백억	십억	억	천만	백만	십만	만	천	백	십	일	
				1	0	0	0	0	0	0	0	원

보증의 제공방법: ⑧ ☑ 현금·자기앞수표 ☐ 보증서

보증을 반환 받았습니다.
본인 또는 대리인 ⑨ 홍길동 ㉙

주의사항
1. 입찰표는 물건마다 별도의 용지를 사용하십시오, 다만, 일괄입찰시에는 1매의 용지를 사용하십시오.
2. 한 사건에서 입찰물건이 여러개 있고 그 물건들이 개별적으로 입찰에 부쳐진 경우에는 사건번호외에 물건번호를 기재하십시오.
3. 입찰자가 법인인 경우에는 본인의 성명란에 법인의 명칭과 대표자의 지위 및 성명을, 주민등록란에는 입찰자가 개인인 경우에는 주민등록번호를, 법인인 경우에는 사업자등록번호를 기재하고, 대표자의 자격을 증명하는 서면(법인의 등기부 등초본)을 제출하여야 합니다.
4. 주소는 주민등록상의 주소를, 법인은 등기부상의 본점소재지를 기재하시고, 신분확인상 필요하오니 주민등록증을 꼭 지참하십시오.
5. 입찰가격은 수정할 수 없으므로, 수정을 요하는 때에는 새 용지를 사용하십시오.
6. 대리인이 입찰하는 때에는 입찰자란에 본인과 대리인의 인적사항 및 본인과의 관계 등을 모두 기재하는 외에 본인의 위임장(입찰표 뒷면을 사용)과 인감증명을 제출하십시오.
7. 위임장, 인감증명 및 자격증명서는 이 입찰표에 첨부하십시오.
8. 일단 제출된 입찰표는 취소, 변경이나 교환이 불가능합니다.
9. 공동으로 입찰하는 경우에는 공동입찰신고서를 입찰표와 함께 제출하되, 입찰표의 본인란에는 "별첨 공동입찰자목록 기재와 같음"이라고 기재한 다음, 입찰표와 공동입찰신고서 사이에는 공동입찰자 전원이 간인 하십시오.
10. 입찰자 본인 또는 대리인 누구나 보증을 반환 받을 수 있습니다.
11. 보증의 제공방법(현금·자기앞수표 또는 보증서)중 하나를 선택하여 ☑표를 기재하십시오.

입찰표 작성 올바른 예(본인 작성)

[전산양식 A3360] 기일입찰표(흰색)　　　용지규격 210mm×297mm(A4용지)

(앞면)

기 일 입 찰 표

① 서울중앙지방법원 집행관 귀하　　　② 입찰기일 : 20XX년 1월 28일

③ 사건번호 : 2009 타경 12345 호　　　④ 물건번호 : ※물건번호가 여러개 있는 경우에는 꼭 기재

입찰자	⑤ 본인	성명	홍길동 ㊞	전화번호	010-1234-1234
		주민(사업자)등록번호	800101-1234567	법인등록번호	
		주소	서울특별시 강남구 역삼동 111-11 부자아파트 1동 101호		
	⑥ 대리인	성명	기냥이 ㊞	본인과의 관계	직원
		주민등록번호	790101-1234567	전화번호	010-1111-2222
		주소	서울특별시 강남구 역삼동 111-12 벼슬아파트 1동 101호		

⑦ 입찰가격	천억	백억	십억	억	천만	백만	십만	만	천	백	십	일	원
				1	0	0	0	0	0	0	0	0	

⑧ 보증금액	백억	십억	억	천만	백만	십만	만	천	백	십	일	원
				1	0	0	0	0	0	0	0	

보증의 제공방법　⑨ ☑ 현금·자기앞수표　□ 보증서

보증을 반환 받았습니다.
본인 또는 대리인 ⑩ 홍길동 代) 이몽룡 ㊞

주의사항.
1. 입찰표는 물건마다 별도의 용지를 사용하십시오, 다만, 일괄입찰시에는 1매의 용지를 사용하십시오.
2. 한 사건에서 입찰물건이 여러개 있고 그 물건들이 개별적으로 입찰에 부쳐진 경우에는 사건번호외에 물건번호를 기재하십시오.
3. 입찰자가 법인인 경우에는 본인의 성명란에 법인의 명칭과 대표자의 지위 및 성명을, 주민등록란에는 입찰자가 개인인 경우에는 주민등록번호를, 법인인 경우에는 사업자등록번호를 기재하고, 대표자의 자격을 증명하는 서면(법인의 등기부 등·초본)을 제출하여야 합니다.
4. 주소는 주민등록상의 주소를, 법인은 등기부상의 본점소재지를 기재하시고, 신분확인상 필요하오니 주민등록증을 꼭 지참하십시오.
5. <u>입찰가격은 수정할 수 없으므로, 수정을 요하는 때에는 새 용지를 사용하십시오.</u>
6. 대리인이 입찰하는 때에는 입찰자란에 본인과 대리인의 인적사항 및 본인과의 관계 등을 모두 기재하는 외에 본인의 위임장(입찰표 뒷면을 사용)과 인감증명을 제출하십시오.
7. 위임장, 인감증명 및 자격증명서는 이 입찰표에 첨부하십시오.
8. 일단 제출된 입찰표는 취소, 변경이나 교환이 불가능합니다.
9. 공동으로 입찰하는 경우에는 공동입찰신고서를 입찰표와 함께 제출하되, 입찰표의 본인란에는 "별첨 공동입찰자목록 기재와 같음"이라고 기재한 다음, 입찰표와 공동입찰신고서 사이에는 공동입찰자 전원이 간인 하십시오.
10. 입찰자 본인 또는 대리인 누구나 보증을 반환 받을 수 있습니다.
11. 보증의 제공방법(현금·자기앞수표 또는 보증서)중 하나를 선택하여 ☑표를 기재하십시오.

기일입찰표(대리 입찰 시)

(뒷면)

위 임 장

대리인	성 명	기낭이	직업	회사원
	주민등록번호	780110-1234567	전화번호	010-1111-2222
	주 소	서울특별시 강남구 역삼동 111-11 부자아파트 1동 101호		

위 사람을 대리인으로 정하고 다음 사항을 위임함.

다 음

서울중앙지방법원   2009 타경   12345 호 부동산

경매사건에 관한 입찰행위 일체

본인1	성 명	홍 길 동 (인감인)	직 업	회사원
	주민등록번호	800101-1234567	전 화 번 호	010-1234-1234
	주 소	서울특별시 강남구 역삼동 111-11 부자아파트 1동 101호		
본인2	성 명	(인감인)	직 업	
	주민등록번호	-	전 화 번 호	
	주 소			
본인3	성 명	(인감인)	직 업	
	주민등록번호	-	전 화 번 호	
	주 소			

* 본인의 인감 증명서 첨부
* 본인이 법인인 경우에는 주민등록번호란에 사업자등록번호를 기재

20XX 년   2 월   3 일

서울중앙지방법원 귀중

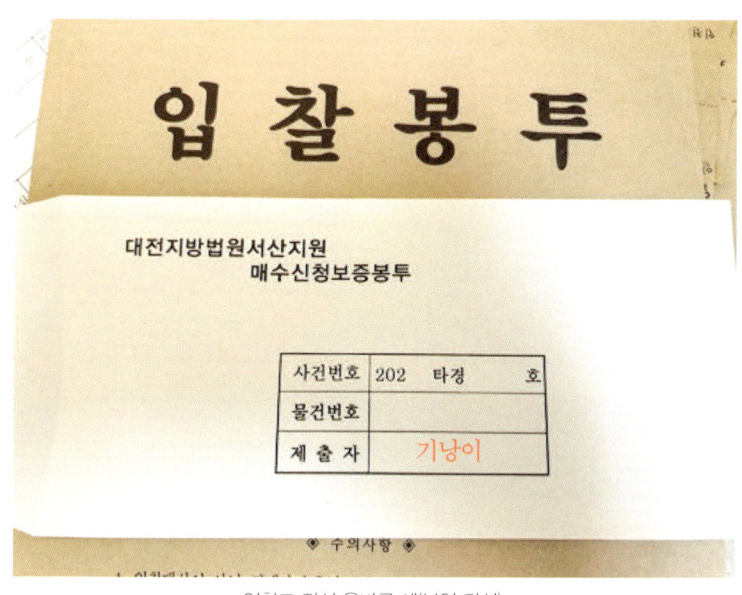

입찰표 작성 올바른 예(본인 작성)

경매 결과가 나오면 낙찰된 사람들을 한 명씩 호명한다. 그런데 저 멀리 젊은 사람 한 명이 부동산 3건을 낙찰받아 가는 게 아닌가.

'뭐지? 한 사람이 입찰을 세 개나 해도 되나? 입찰을 여러 번 해도 된다고 해도 어떻게 낙찰을 세 개나 받냐? 이거 불법 아니야?'

마침 아까 전 부동산 3건을 낙찰받은 사람이 의기양양하게 걸어 나왔다. 법원에서 호명한 이름이…….

 기낭이?

04

권리분석? 최우선 변제금? 그게 뭐죠?

부동산 3건을 낙찰받은 사람이 멀어지고, 나는 홀린 듯이 그 사람의 뒤를 쫓아갔다. 무작정 불러세우고 간절하게 내 상황을 설명하고, 농구 코트에 돌아가고 싶은 어느 방황 청소년처럼 간절히 부탁했다.

 선생님, 경매를 배워보고 싶습니다.

부디 잠시 시간을 내주어 가까운 카페에라도 가서 가르침을 달라고 부탁했다. 그러자 고수는 잠시 말없이 나를 쳐다보다가 입을 열었다.

 정식으로 배우고 싶다면 제대로 된 수업료를 내십시오. 수업료 30만 원을 주면 경매를 할 때 반드시 알아야 할 권리분석에 대해 알려드리죠.

권리분석? 내게는 생소한 단어일 뿐이다. 권리분석을 알아야 경매에 입찰할 수 있다고 한다. 30만 원을 계좌로 보내주면 알려준다고 하는데 처음엔 사기꾼인가 싶었다. 글쎄 경매를 알아야 하는데 30만 원을 보내주면 알려준다니 대체 뭐 하는 인간이지?!

하기야 세상에 공짜는 없는 법이다. 고수의 제안을 수락한 뒤 함께 근처 카페로 향했다. 주문한 커피를 들고 자리에 앉은 뒤, 나는 곧바로 피 같은 내 돈 30만 원을 이체했다. 그리고 간략히 지금 내가 처한 상황을 설명했다.

보증금 8,000만 원에 살고 있는데 보증금을 안 돌려준다고요? 그럼 최우선 변제권으로 보증금이 소액임차인에 해당되어 다른 채권자보다 우선하여 보증금 중 일부를 먼저 돌려받을 수 있어요.

네? 보증금이 소액이라서 경매로 넘어가도 먼저 돈을 먼저 받는다고요?

네 맞아요. 최우선 변제권이라고 합니다. 법에서 정한 소액보증금 이내의 금액이라면 최우선으로 배당받을 수 있고, 그 기준은 다음 표와 같아요.

주택소액임차인 최우선 변제금
- 주민등록 전입과 건물의 인도가 있어야 한다(매각 금액의 1/2 한도에서 먼저 배당).
- 설정일의 기준은 임대차 계약일이 아닌 담보 물건(근저당권, 담보가등기, 전세권 등)설정일을 기준으로 한다.

자, 표를 한번 볼까요. 이 표는 지역별 주택소액임차인 최우선 변제금이에요. 살고 있는 집의 부동산 등기부등본에서 근저당 날짜를 찾아보세요. 가령 최우선으로 설정된 근저당 날짜가 2023년 2월 21일 이후라고 한다면, 서울특별시 기준으로 보증금 1억 6,500만 원 이하의 경우…… 현재 기준에서는 5,500만 원까지 남들보다 먼저 배당받을 수 있어요.

최우선 변제권의 요건
1. 일단은 보증금이 소액에 해당해야 한다.
2. 경매개시결정 기입등기 이전에 대항력을 갖추어야 한다(전입신고와 주택 인도).
3. 배당요구 종기일까지 배당요구를 해야 한다.

 그런데…… '배당'이 무슨 말이에요?

 음, 경매로 낙찰이 되면 그 낙찰된 금액을 법원에서 임의로 가져가는 게 아니에요. 그 부동산이 경매로 나온 이유가 분명히 있겠지요? 보통 경매로 나온 부동산에 채권자 혹은 임차인이 있겠지요?

배당은 각자 순위에 맞게 돈을 배분해준다는 의미입니다. 우리나라에는 주택임차보호법에 의해 소액임차인을 위한 최우선 변제권을 보장해주고 있어요. 그러니까 당신의 보증금 액수가 8,000만 원이라고 하면 서울 기준으로는 소액임차인에 해당해요. 우선 다른 채권자들보다 우선해서 5,500만 원까지는 경매로 배당받을 수 있습니다. 나머지 2,500만 원은 한번 순위를 살펴봐야 할 것 같은데요?

소액임차인은 무조건 배당을 받아 간다고 보면 되겠네요?

그건 아니에요. 보증금이 소액임차인 기준에 해당하고 확정일자로 우선변제권이 있는 임차인이라도 집행법원에 배당요구종기일까지 권리신고 및 배당요구를 해야지만 배당을 받을 수가 있습니다.

아, 배당요구가 참 중요하군요.

한편, 임대차계약서 원본을 행정복지센터에 방문하여 제출하면 확정일자 도장을 받을 수 있다. 확정일자는 임대차계약서가 실제로 이루어졌음을 증빙하는 자료로 이것으로써 제3자에게 임대차계약이 성립되었음을 알려준다.

■ 주택소액임차인 최우선 변제금

기준 시점	지역	임차인 보증금 범위	보증금 중 일정액의 범위
1984.6.14.~ 1987.11.30.	특별시, 직할시	300만 원 이하	300만 원
	기타 지역	200만 원 이하	200만 원
1987.12.1.~ 1990.2.18.	특별시, 직할시	500만 원 이하	500만 원
	기타 지역	400만 원 이하	400만 원
1990.2.19.~ 1995.10.18.	특별시, 직할시	2,000만 원 이하	700만 원
	기타 지역	1,500만 원 이하	500만 원
1995.10.19.~ 2001.9.14.	특별시, 광역시(군 지역 제외)	3,000만 원 이하	1,200만 원
	기타 지역	2,000만 원 이하	800만 원
2001.9.15.~ 2008.8.20.	수도정비계획법 중 과밀억제권역	4,000만 원 이하	1,600만 원
	광역시(군 지역과 인천광역시 지역 제외)	3,500만 원 이하	1,400만 원
	그 밖의 지역	3,000만 원 이하	1,200만 원
2008.8.21.~ 2010.7.25.	수도정비계획법 중 과밀억제권역	6,000만 원 이하	2,000만 원
	광역시(군 지역과 인천광역시 지역 제외)	5,000만 원 이하	1,700만 원
	그 밖의 지역	4,000만 원 이하	1,400만 원
2010.7.26.~ 2013.12.31	서울특별시	7,500만 원 이하	2,500만 원
	수도권정비계획법에 따른 과밀억제권역(서울특별시는 제외한다)	6,500만 원 이하	2,200만 원
	광역시(수도권정비계획법에 따른 과밀억제권역에 포함한 지역과 군 지역은 제외한다), 안산시, 용인시, 김포시, 광주시	5,500만 원 이하	1,900만 원
	그 밖의 지역	4,000만 원 이하	1,400만 원
2014.1.1.~ 2016.3.30.	서울특별시	9,500만 원 이하	3,200만 원
	수도권정비계획법에 따른 과밀억제권역(서울특별시는 제외한다)	8,000만 원 이하	2,700만 원
	광역시(수도권정비계획법에 따른 과밀억제권역에 포함한 지역과 군 지역은 제외한다), 안산시, 용인시, 김포시, 광주시	6,000만 원 이하	2,000만 원
	그 밖의 지역	4,500만 원 이하	1,500만 원
2016.3.31.~ 2018.9.17.	서울특별시	1억 원 이하	3,400만 원
	수도권정비계획법에 따른 과밀억제권역(서울특별시는 제외한다)	8,000만 원 이하	2,700만 원
	광역시(수도권정비계획법에 따른 과밀억제권역에 포함한 지역과 군 지역은 제외한다), 세종특별자치시, 안산시, 용인시, 김포시, 광주시	6,000만 원 이하	2,000만 원
	그 밖의 지역	5,000만 원 이하	1,700만 원

기간	지역	보증금	월차임
2018.9.18.~2021.5.10.	서울특별시	1억 1,000만 원 이하	3,700만 원
	수도권정비계획법에 따른 과밀억제권역(서울특별시는 제외한다), 세종특별자치시, 용인시, 화성시	1억 원 이하	3,400만 원
	광역시(수도권정비계획법에 따른 과밀억제권역에 포함한 지역과 군 지역은 제외한다), 안산시, 김포시, 광주시, 파주시	6,000만 원 이하	2,000만 원
	그 밖의 지역	5,000만 원 이하	1,700만 원
2021.5.11.~2023.2.20.	서울특별시	1억 5,000만 원 이하	5,000만 원
	수도권정비계획법에 따른 과밀억제권역(서울특별시는 제외한다), 세종특별자치시, 용인시, 화성시, 김포시	1억 3,000만 원 이하	4,300만 원
	광역시(수도권정비계획법에 따른 과밀억제권역에 포함한 지역과 군 지역은 제외한다), 안산시, 광주시, 파주시, 이천시, 평택시	7,000만 원 이하	2,300만 원
	그 밖의 지역	6,000만 원 이하	2,000만 원
2023.2.21.~	서울특별시	1억 6,500만 원 이하	5,500만 원
	수도권정비계획법에 따른 과밀억제권역(서울특별시는 제외한다), 세종특별자치시, 용인시, 화성시, 김포시	1억 4,500만 원 이하	4,800만 원
	광역시(수도권정비계획법에 따른 과밀억제권역에 포함한 지역과 군 지역은 제외한다), 안산시, 광주시, 파주시, 이천시, 평택시	8,500만 원 이하	2,800만 원
	그 밖의 지역	7,500만 원 이하	2,500만 원

05

경매에 넘어간 이유?
근저당을 보면 보인다

카페에서 30만 원의 기초 수업을 받고 나서야 나는 비로소 내 전셋집이 경매로 나오는 이유를 알게 되었다. 답답했던 마음이 조금은 가셨다.

기낭이 선생 말로는 물건이 경매로 나오게 되는 배경 중 하나가 그 부동산에 잡혀 있는 근저당 때문이라고 한다. 지금껏 근저당이라는 말은 얼핏 들어봤지만 그게 무엇인지는 정확히 몰랐다. 기낭이 선생에게 배운 바를 정리해보면 이렇다.

보통 부동산을 매입할 때 은행에서 대출을 받아 산다. 이때 은행에서는 부동산 등기부등본에 근저당권이라고 하여, 보통 빌려준 돈의 120% 금액을 설정하여 등기부에 기록해 놓는다. 아무래도 소유권과 관련한 사항은 아니기 때문에 등기부등본 '을구'에 기록이 된다.

아래 등기부등본을 보자. 을구에 채권최고 금액이 쓰여 있다. 실제로 빌린 돈의 120%를 채권 최고액으로 설정하여 등기부에 기록이 되어 있다.

3	근저당권설정	2018년 8월 6일 제138059호	2018년 8월 6일 설정 계약	채권최고액 금 249,600,000원 채무자 김갑돌 서울특별시 동작구 대방동 XX번지 근저당권자 농협은행 234567-0000987 서울특별시 송파구 송파동 XX번지

그러니까 이렇게 근저당 설정이 된 물건인데 돈을 안 갚으면 은행에서 가만히 안 있겠죠? 채무자가 은행은 돈을 안 갚으면 근저당 설정도 되어 있겠다. 임의 경매로 신청할 수 있어요. 경매로 넘어가게 되면 등기부등본 갑구에 '임의경매개시결정'이라고 되어 있을 거예요. 지금 살고 있는 집의 등기부등본을 한번 보여주시겠어요?

16	임의경매개시결정	2023년 2월 16일 제18600호	2023년 2월 16일 서울지방법원의 임의경매개시결정(2023타경1294)	채권자 농협은행 234567-0000987 서울특별시 송파구 송파동 XX번지

자, 여기. '임의경매개시결정'이 있죠? 법원에서 경매로 넘어간다고 등기부 갑구에 기록되어 있어요. 빌린 돈을 안 갚아서 채권자가 경매 신청을 한 거예요.

헉!

근데 여기서 중요한 것은 이 근저당 날짜 순위랑 당신이 전입신고/확정일자를 한 날짜랑 비교를 꼭 해봐야 해요. 이 날짜 순위로 보증금을 돌려받을 수 있는지 없는지 판단할 수 있어요

보증금을 돌려받느냐 못 돌려받느냐가 달려 있다니 긴장이 되었다. 그리고 보니 부모님이나 주변에서 꼭 전입신고/확정일자를 동사무소 가서 해놓으라고 했었다. 그때는 그냥 이사 절차인가 보다 하고 시키는 대로 했는데, 이렇게 중요한 일일 줄이야.

06

전입신고와 확정일자 때문에 보증금을 못 받는다고?

기낭이 선생이 말하기를, 내 전입신고 날짜가 근저당 날짜보다 빠르다면 대항력이 있어서 혹시라도 보증금을 못 돌려받더라도 낙찰자에게 보증금을 받을 수 있다는 것이다. 나는 떨리는 눈으로 등기부등본을 다시 한번 확인하였다.

내 전셋집의 부동산 등기부등본을 보니 근저당뿐만 아니라 압류와 가압류도 많이 껴 있었다. 기낭이 선생은 그 전에 꼭 알아두어야 할 용어가 하나 있다고 했다.

사실 등기부등본에서 가장 중요한 것은 '말소기준등기'를 찾는 거예요.

말소기준등기요? 그게 뭐죠?

경매 낙찰과 함께 말소되는 권리예요. 말소기준권리는 법적 용어는 아닙니다. 말소기준권리 이전의 권리는 낙찰자에게 '인수'되는 권리이고, 말소기준권리 이후에는 '소멸'되어 낙찰자가 부담하지 않아도 된다고 생각하면 됩니다.

◆ **말소기준권리** : (근)저당권, (가)압류, 경매개시결정등기 중 가장 먼저 등기된 권리로 여러 가지 권리에 대한 말소·인수의 기준이 됩니다. 말소 기준 권리보다 먼저 등기된 권리는 매수인에게 인수되며, 말소 기준 권리보다 후에 등기된 권리는 대부분 말소된다고 생각하자.
◆ **전입신고** : 경매에서 임차인의 전입신고는 근저당 날짜와 비교해 대항력이 있는지 없는지 기준이 된다.
◆ **확정일자** : 경매를 통해 배당 순위를 정해주는 '우선변제권' 능력이 있다.

말소기준권리, 전입신고, 확정일자……. 셋을 우선 보면 된다. 네, 알겠습니다.

예전에는 경매로 나온 집의 등기부등본을 하나하나 다 떼보고 전입신고내역도 조사해봐야 했지만 요즘은 경매 사이트에서 쉽게 확인할 수 있습니다. 우선 제가 쓰고 있는 유료 사이트에서 조회해볼까요?

조회는 했는데, 무엇을 봐야 할지 모르겠어요.

말소의 기준이 되는 권리는 2014년 9월 26일에 설정한 근저당이 되겠네요. 이 중에서 날짜가 가장 빠른 게 말소의 기준이 되는 것이고 그 뒤로 아래 같은 권리 종류들이 있다면 100억이 되었든 1,000억이 되었든 낙찰받는 사람들은 걱정 안 해도 되는 권리 종류들이에요.

말소의 기준이 되는 권리
1. 근저당권
2. 가압류(압류)
3. 담보가등기
4. 경매기입등기
5. 배당요구한 전세권(경매신청자이거나 배당요구한 선순위 전세권)

나의 부동산 등기부등본을 살펴보니 최초의 근저당 설정이 2014년 9월 26일에 되어 있다. 하지만 나의 전입신고 날짜는 2021년이었다. 그럼 근저당 설정의 날짜보다 느리니까 나는 낙찰 받은 사람에 대항할 힘이 없는 건가?

건물등기
(채권합계금액: 562,600,000원)

순서	접수일	권리종류	권리자	채권금액	비고	소멸
갑(2)	2014-09-26	소유권이전	김갑돌		매매	
을(2)	2014-09-26	근저당권설정	농협은행	39,000,000	말소기준등기	소멸
을(3)	2018-08-06	근저당권설정	농협은행	249,600,000		소멸
을(5)	2020-04-10	근저당권설정	이몽	30,000,000		소멸
갑(7)	2020-11-13	가압류	농협 신용보증재단	20,000,000	2020카단2366	소멸
갑(11)	2021-12-24	압류				소멸
갑(12)	2022-01-20	가압류	박영희	74,000,000	2022카단50158	소멸
을(6)	2022-05-18	주택임차권	김철수	50,000,000	차임:600,000원, 범위:건물전부 2022카임5040 전입:2021.08.19 확정:2019.12.31	소멸

임차인 현황

말소기준일(소액): 2014-09-26 배당요구종기일: 2023-05-08

점유 목록?	임차인	점유부분/기간	전입/확정/배당	보증금/차임	대항력	분석	기타
1	서용진	주거용 전부 2020.01.04.~	전입:2021-08-19 확정:2019-12-31 배당:2022-05-18	보:50,000,000원 월:600,000원	없음	소액임차인 (Go) 주임법에 의한 최우선변제 액 최대 2,000만원 순위배당 있음	임차권등기자

여기서 최선순위가 되는 권리 종류가 무엇인가요? 근저당으로 보이죠? 아쉽게도 근저당 설정(2014년 9월 26일) 날짜보다 전입신고(2021년 8월 19일)/확정일자(2019년 12월 31일) 날짜가 훨씬 느립니다. 이렇게 근저당이 많이 설정된 집에 굳이 전입신고 한 이유가 있었을까요?

근처 공인중개사사무소에서 아무 문제도 없다고 해서 그랬어요. 경매로 넘어가도 아파트값이 더 오르니 문제 안 된다고……

지금은 부동산 가격이 떨어지는 추세예요. 살고 있는 집 같은 경우에도 시세를 보니까 많이 떨어졌는데 요즘 분위기로 보면 대략 3억에나 낙찰이 될 것 같은데요? 간략하게 살펴봐도 전입신고/확정일자 날짜보다 더 빠르게 근저당 가압류 설정된 것이 보여서 이 금액을 합산해도 배당을 받아 가기 힘들어 보여요.

아……

하나 더 질문이 있습니다. 왜 전입신고는 2021년도에 했는데 확정일자는 2019년에 받으셨어요?

 사실 그게 집주인 예전에 집 담보로 추가 대출을 받으려고 하는데 전입신고 때문에 추가 대출을 못 받는다고 전입신고를 잠깐 빼달라고 해서 뺐는데 그게 문제가 될까요?

 당연히 문제가 됩니다. 확정일자가 아무리 배당받는 순위를 정해준다는 이론은 맞지만 전입신고 날짜가 빠져버리면 확정일자 혼자서는 순위 다툼을 하지 못해요. 2019년도에 전입신고가 되어 있었다면 배당 순위가 더 빨라 3순위가 되었겠지만 그 뒤로 가압류라든가 다른 채권들이 많이 들어와서 배당이 밀려버리게 되었습니다.

 네?! 뭐라구요?!
이대로 무너질 수는 없어!

전혀 모르고 있었다. 전입신고를 잠깐 옮겨놨다고 이렇게 배당 순위가 늦어져버린다는 것을. 그저 집주인이 시켜서 했는데 책임은 온전히 내가 지게 되었다. 당시에 인터넷을 검색해봤을 때 확정일자를 해놨으면 배당을 먼저 받을 수 있다고 했는데 그게 아니었나 보다. 무조건 전입신고가 있어야 하는구나.

집주인이 하라고 해서 전입신고를 잠깐 다른 집으로 옮겨놨더니 결국 경매로 넘어가더라도 배당 순위에서 밀려 손해를 볼 상황이었다. 게다가 지금 내가 살고 있는 집의 가치는 3억 원대까지 떨어져서 경매로 내 돈을 회수도 못 할 상황이라고.

충격으로 멍한 상태로 기낭이 선생과 헤어지고 터덜터덜 집으로 돌아왔다. 아무리 전화해도 집주인은 전화를 받지 않는다.

 내가 뉴스에서 보던 전세 사기 피해자가 될 줄이야.

간단하게 정리해보면 전입신고의 날짜와 말소기준등기의 날짜와 비교해서 전입신고의 날짜가 빠르다면 나는 대항력을 갖춘 사람이 된다. 하지만 나 같은 경우는 두 번의 실수를 하였다.

실수 1. 집 가치에 비해 너무 높은 근저당이 설정된 집에 임차 계약을 한 것
실수 2. 기존에 해놨던 전입신고를 다른 집으로 옮겨놔서 나의 경매 배당 순위가 늦어져 버린 것

말소기준등기인 근저당 설정 날짜보다 내가 전입신고가 먼저 되어 있었다면 이 정도 고민은 안했을 텐데……. 과거의 내가 원망스럽다. 이 중요한 걸 이제 알았다니……. 스스로가 한심했다. 말소기준등기일보다 날짜를 더 빠르게 전입신고하여 대항력을 갖춘 사람이라면 내가 혹시라도 못 받는 보증금이 있어도 경매로 낙

찰받은 사람에게 보증을 받을 수 있다고 하는데……. 모르는 게 죄는 아니지만 뼈아픈 손해를 안길 수도 있구나.

한강 다리에 서서 아래를 내려다보았다. 죽고 싶다는 생각이 든다. 내가 이런 일을 당하다니 정말 창피하기도 하고 왜 하필 나한테 이런 일이 생기는지 이해가 가지 않았다. 한강 물을 바라보니 여러 생각이 든다. 저 멀리는 한강 뷰 아파트들이 줄지어 서 있다. 대한민국에는 저렇게 잘 사는 사람도 많은데 왜 나는 한탄하며 한강 물이나 쳐다보고 있는 건지. 인생사가 참……. 그냥 세상이 원망스럽다.

기본적인 것만 알았어도 집주인한테 당하지도 않았을 텐데……. 나의 무지가 한탄스럽다. 내가 살려는 아파트이고 큰돈이 걸린 계약인데 왜 잘 알아보지도 않고 덜컥 사인했을까? 아파트에 등기부등본을 보고 위험한 부동산인지 근저당을 얼마나 잡혀 있는지, 가압류나 압류가 잡혀 있는 건지 확인할 수 있었는데! 결국 공인중개사 말만 믿은 내 잘못이다.

하지만 내 인생을 한강 물 입수로 끝낼 수 없다. 자본주의의 희비가 엇갈리는 경매를 배우자. 한강 뷰 아파트를 낙찰받아보자!

PART
2

경매 기초 : 검색과 사건분석
"선생님, 경매를 배우고 싶습니다"

01

경매 공부의 첫걸음, 대항력

경매에 뛰어들기로 결심하고 그날부로 책과 인터넷 무료 강의를 보며 열심히 공부했다. 학창 시절 대학입시를 위해 공부하고, 대학 졸업 후 취업을 위해 공부하였다. 무언가 목표를 이루기 위해 공부해 왔으면서 부동산을 공부해본 적은 없다. 종잣돈이 있고 부동산 투자에 관심이 있는 사람이나 하는 거로 여겼다.

그런데 막상 해보니 그야말로 인생에서 가장 중요한 공부라고 느꼈다. 카페에서 잠깐 설명 들었을 때는 막연히 이해했다고 여겼던 등기부등본 보는 방법이나 어떤 권리사항이 위험한지에 대해서도 이제는 확실히 알았다. 기본적인 권리분석은 전입신고와 확정일자를 따져 낙찰자에게 인수되는 권리가 있는지 없는지를 살펴보는 것이다. 그 외에는 더 없을까?

아무래도 전문가에게 차근차근 배워야 할 것 같다. 그러면 빠른 시간에 정확한 정보를 얻을 수 있을 듯싶었다. 카페에서 헤어지며 주고받은 연락처로 연락해 경매를 배우고 싶다는 뜻을 밝혔다. 수업료를 내고 정식으로 첫 수업 날짜를 잡았다.

경매에서 꼭 알아야 하는 권리분석 사례들이 있어요. 특히나 임차인이 살고 있는 부동산을 낙찰받을 때는 '대항력' 여부를 확인해야 합니다.

대항력이란 경매로 인해 주택의 소유자가 변경되어도 임대차 기간 동안 계속 거주가 가능하며 임대차 기간이 종료되어도 임차보증금을 모두 돌려받을 수 있는 임차인의 권리를 말한다. 임차인이 배당요구 종기일까지 대항력의 요건을 유지하여야 대항력을 주장할 수 있다.

경매 물건을 살펴보다 보면 채무자 겸 소유자가 그 집에 살고 있는 경우도 많지만 임차인이 그 집에 살고 있는 경우도 많다. 일단 임차인이 대항력을 확보하려면 임대차 계약 후에 주택을 인도받아 실제로 점유하고 반드시 전입신고를 해야 한다. 대항력은 임차인이 전입신고를 한 다음 날인 오전 0시부터 대항력을 갖는다.

 경매와 연관 지어 말씀드리면, 말소기준권리일보다 더 늦게 전입신고를 하였다고 하면 대항력이 없으므로 낙찰자에게 임차인 권리사항은 인수되지 않아요. 하지만 말소기준권리일보다 빠르게 전입신고를 하고 점유를 하게 되었다면 대항력을 갖추게 되고 대항력을 갖췄다면 임차인이 보증금 전액을 배당받지 못했을 때는 낙찰받은 사람이 보증금을 반환해야 합니다.

 그럼 저 같은 경우는 말소기준권리인 근저당 날짜보다 더 느려서 대항력이 없는 거였네요. 경매로 넘어가더라도 그럼 낙찰자한테 보증금을 달라고 할 수도 없는 것이고요.

 정확해요. 맞습니다.

02

경매의 기초,
배당 우선순위

전입신고와 동시에 해당 부동산에 살며 점유해야 대항력이 생기는 것은 알겠다. 전에 카페에서 간단히 상담을 받을 때 확정일자까지 받아야 한다고 했었는데……. 대항력만 유지하면 되는 거 아닌가? 왜 주민센터에 가서 확정일자도 받아야 하는 것일까?

확정일자는 간단히 '우선변제권'이라고도 말하는데 이 확정일자를 부여받아야 그 날짜를 기준으로 배당받는 순서가 정해져요.

예를 들어볼까요. 2020년 6월에 근저당 5억이 잡혀 임의경매로 집이 넘어가게 되었다고 해보죠. 추가로 2021년 7월에 근저당 3억 원이 또 잡혔습니다. 임차인은 2020년 8월에 3억 원에 전입신고와 확정일자를 신고했고요. 경매로 만약에 7억 원이 낙찰되었다면 임차인은 얼마를 배당받아 갈까요?

음, 글쎄요. 최초로 설정된 권리는 근저당이 되니까 말소기준등기가 되고 임차인은 말소기준등기인 근저당보다 늦게 전입신고하고, 확정일자도 늦게 신고하여 대항력이 없으니까……. 경매 낙찰이 7억 원으로 되어도 하나도 경매로 배당을 못 받아 가는 것 아니에요?

 땡입니다! 대항력은 없다는 것은 맞아요. 하지만 확정일자의 순위가 두 번째 순위이기 때문에 배당을 하나도 못 받는 것은 아니에요. 확정일자의 날짜가 두 번째 순위이기 때문에 근저당 다음으로 배당을 받을 수 있지요.

2020년 6월 근저당 5억 원
↓
2020년 8월 임차인 보증금 3억 원
↓
2021년 7월 근저당 3억 원

 그렇다면 7억 원에 낙찰되었다면 2억 원을 배당받아 가는 건가요?

 아니에요. 솔직히 금액은 정확히 알 수 없어요. 법원경매로 부동산을 낙찰받아도 또 우선순위로 가장 먼저 배당을 받아

가는 순서들이 있어서 그 배당 순서에 대해서 또 차분히 공부해야 합니다.

 네? 또 다른 배당 우선순위가 있다고요?

경매로 낙찰이 되어도 권리관계에 표시된 순위보다 우선순위로 배당을 받아 간다. 경매 배당 우선순위를 간략하게 요약해보면 다음과 같다.

경매 배당 우선순위

1순위: 집행비용
2순위: 제3취득자가 그 부동산의 보존, 개량을 위하여 지출한 비용
3순위: 소액 임차보증금 채권
4순위: 해당 부동산에 부과된 국세, 지방세와 그 가산금
5순위: 국세 및 지방세의 법정기일 전에 설정된 저당권, 전세권에 의하여 담보된 채권
※단 대항권과 확정일자 등을 모두 갖춘 경우에는 요건을 모두 갖춘 날짜를 기준으로 순위가 인정된다.
6순위: 임금 및 기타 근로관계에 의한 채권
7순위: 국세, 지방세 및 이에 관한 체납처분비, 가산금 등의 징수금
8순위: 건강보험료, 국민연금보험료, 고용보험료 및 산업재해보상 보험료
9순위: 일반채권

법원에서도 공짜로 경매를 진행하지 않아요. 법원에서도 경매사건마다 집행비용을 가장 우선으로 가져가고 그다음 순위도 이렇게나 많아요. 지금까지 봤던 근저당이나 가압류는 일반채권이라고 보면 됩니다.

 3순위에 소액 임차보증금 채권이 있는데, 이게 최우선 변제권인가요?

 맞아요. 우리나라는 주택임대차보호법이 있어서, 소액으로 임차한 임차인들을 보호합니다. 경매로 넘어가더라도 순위가 가장 빠르게 되어 있어요. 배당 우선순위를 잘 보아야 합니다.

03

부동산 경매 정보는 어디서 봐야 할까

기본적으로는 대한민국법원 법원경매정보(www.courtauction. go.kr) 홈페이지에서 경매 정보를 볼 수 있다. 요즘에는 유료 경매 정보 사이트도 많은데, 그곳의 정보는 모두 법원경매정보 홈페이지의 자료를 토대로 작성되어 있다고 보면 된다. 그러므로 법원경매정보 홈페이지에 접속해 [물건상세검색] 탭을 이용하면 경매 정보를 확인할 수 있다.

아, 이렇게 경매 정보를 확인할 수 있군요. 그런데 사람들은 왜 굳이 유료 경매 사이트를 이용하는 건가요?

법원경매정보 홈페이지에서 경매 정보를 볼 수는 있지만 등기부등본 정보를 무료로 제공해주지는 않아요. 그리고 경매로 낙찰받기 전에 필수로 알아야 할 정보를 얻으려면 법원경매정보 홈페이지만 이용해서는 한계가 있어요.

필수로 알아야 할 정보요?

예. 그 정보 때문에 별도의 유료 사이트를 이용하는 것이지요.

법원경매정보 홈페이지

권리관계를 좀 더 쉽게 파악하기 위해서 경매하는 사람 대부분은 유료 경매 정보 사이트를 이용한다는 것이다. 등기부등본, 전입세대 열람 내역, 건축물 대장 등을 참고하여 권리분석을 할 수가 있고 그 외에도 감정평가서, 매각물건명세서, 경매로 나온 현장의 사진, 실거래 가격 등과 같이 필수로 참고해야 할 정보도 일목요연하게 정리되어 있다.

다양한 유료 경매 정보 사이트가 있는데, 기낭이 선생은 그중에서 탱크옥션(www.tankauction.com)을 이용한다고 한다. 탱크옥션을 가입한 뒤, [경매 검색] 탭을 눌러 내가 사는 지역의 물건들을 검색할 수가 있다. [종합검색]으로 들어가 지역별로 경매사건들을 검색할 수도 있으며 물건의 종류, 물건의 현재 진행 상태 등을 확인할 수 있는 탭도 있다.

내가 사는 지역의 법원을 검색해서 내가 사는 집 근처 법원에서 진행되는 물건을 살펴보았다. 이럴 수가, 경매 물건이 이렇게 많다니…….

어떻게 보면 이 많은 목록이 경매 물건이라는 데에서 부동산 시장의 분위기를 알 수 있을 것 같다. 기낭이 선생 말로는, 부동산 거래가 안 되고 가격이 많이 하락했을 때는 부동산 경매로 경매사건이 많이 검색된다고 한다.

법원에서 진행하는 경매사건에는 특이점이 있었다. 2024년에 시작된 경매사건은 2024타경XXXXX라고 번호가 붙여졌다. XXXXX는 숫자로 랜덤으로 번호가 부여받는다. 각각 법원마다 별도로 관리하기에 중복된 경매사건번호도 많이 보였다.

서울에 있는 아파트를 선택하여 물건 검색을 하니 현재 293개의 경매사건이 진행되고 있었다. 잘 모르다 보니 '이게 많은 건가?' 하고 감이 안 잡혔는데, 기낭이 선생 말로는 많은 편이고, 그 말은 부동산 시기가 안 좋은 것이라고.

기본적으로 아파트 위치가 어디인지, 경매로 나온 건물과 토지의 면적, 어디 법원에서 언제 경매가 시작하는지도 쓰여 있었다. 그리고 그 물건을 조회한 횟수도 나오기 때문에 인기가 많은지 없는지도 대략 알 수 있었다.

 실제로 한번 검색해보니 왜 유료 사이트를 활용해야 하는지 알겠습니다.

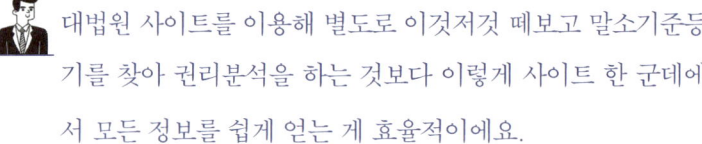 대법원 사이트를 이용해 별도로 이것저것 떼보고 말소기준등기를 찾아 권리분석을 하는 것보다 이렇게 사이트 한 군데에서 모든 정보를 쉽게 얻는 게 효율적이에요.

그런데 경매로 나온 목록 중에 내가 살고 싶은 아파트도 있었다. 강남 반포에도 이렇게 비싼 아파트도 경매로 나오는구나. 이곳에 경매로 들어갈 수 있는 걸까?

그런데 이 아파트의 경매에 참여하고 싶은데, 대체 어떻게 입찰해야 하나요? 또 그 가격은 얼마가 적당할까요?

 사실 경매로 어떤 가격에 입찰해야 할지는 어떤 정답도 없어요. 어떤 지역에 살고 있다고 하면 법원에 자주 들러서 낙찰이 몇 퍼센트 정도에 되는지 참고해서 볼 필요도 있고요.

검색해서 나온 경매 시간에 참석이 어렵다면 경매 사이트에서 [서울] 지역을 검색하고 물건종류로 [아파트]를 선택하고 다음에 [매각전부] 탭을 선택해보자. 그러면 최근에 서울 지역의 아파트 낙찰 이력을 쭉 볼 수 있다. 이를 통해 감정가격이 얼마였는지, 경매를 통해 얼마에 낙찰되었는지 알 수 있었다.

그런데 96%에 낙찰이 되기도 하네요.

맞아요. 정말 좋은 아파트이고 거래도 잘되는 아파트라고 한다면 오히려 감정평가 가격보다 더 높게 되는 경우도 많아요. 부동산이 거래가 잘되는 시기에는 이런 퍼센티지가 높아지기도 하고요. 최근 서울 아파트는 평균 매각가율은 감정가 대비 82.19%에 낙찰이 되고 있네요. 이런 통계자료도 참고하면 좋아요.

서울을 관할로 하는 법원의 경우에는 감정가가 정해지고 한 번씩 유찰이 될 때마다 20%씩 가격이 저감되었다.

법원에서 정한 날짜에 아무도 입찰하지 않으면 경매는 '유찰이 된다'라는 표현을 썼다. 유찰……. 꼭 기억해야겠다. 이렇게 지켜보다가 내가 만족할 만한 가격대까지 유찰이 된다고 하면 그때 경매로 도전해볼 생각이다.

시장 분위기를 봐서 경매로 나온 부동산의 감정가격 그리고 그 부동산의 실거래가격 등을 따져서 입찰가를 선정해야 하는 것도 알겠다.

기낭이 선생의 조언으로는 지역마다 다 분위기가 다르다고 한다. 그러므로 내가 들어가려는 물건 종류별로 몇 퍼센트 정도에 낙찰이 되는지, 그 부동산이 거래되는지 꼭 확인해봐야 한다고 조언해주었다.

  마침 내가 희망하는 아파트가 경매로 나왔기에 열람해보았다. 그러면 아래와 같이 상세한 정보를 볼 수 있다.

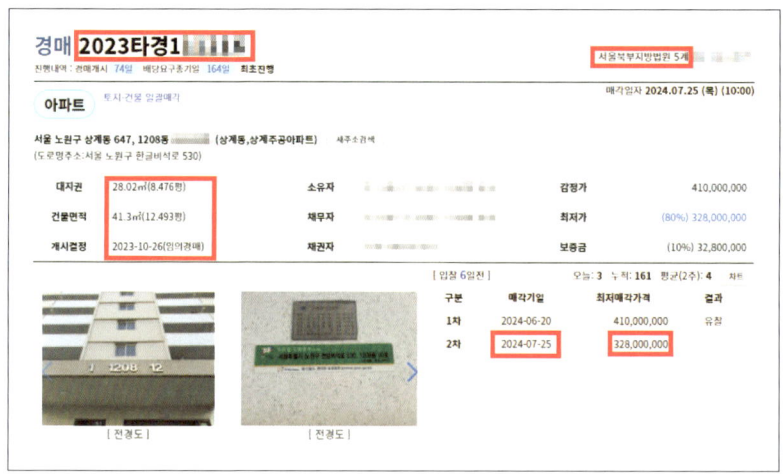

No.	계약일	가격(만원)	전용면적(㎡)	층	해제일
715	2024.05.01	3억8000만	41.3㎡	12층	
714	2024.04.06	3억9000만	41.3㎡	3층	
713	2024.04.05	3억8800만	41.3㎡	6층	
712	2024.03.11	3억9000만	41.3㎡	8층	
711	2024.03.09	3억7000만	41.3㎡	10층	
710	2024.02.25	3억5500만	41.3㎡	11층	
	2024.02.22	3억5500만	41.3㎡	11층	24.02.22
709	2024.02.22	3억5500만	41.3㎡	11층	
708	2024.02.13	3억5500만	41.3㎡	15층	
707	2023.12.18	3억8500만	41.3㎡	14층	

(건축년도 : 1988년)

경매사건 2023타경1XXXX이고 기본적으로 아파트 한 호수가 나온다. 주소를 통해 어떤 아파트인지 알 수 있다. 건물면적은 12.493평으로 전용면적을 기준으로 나온다. 일단 이 경매사건 같은 경우는 원래 감정가격이 4.1억 원이다. 하지만 3.28억까지 1회 유찰이 되었기 때문에 입찰에 들어갈지 말지는 실거래가를 보고 결정해야 한다.

실거래가 자료도 쉽게 경매 사이트를 통해 확인할 수 있었다. 해당 평수로 나온 아파트 가격이 3.8억 정도에 거래되고 있는 듯했다. 불안해서 근처 공인중개사 사무소로 전화해보니 3.8억 원 정도에는 매도할 수 있다고 한다. 그렇다면 경매로 최저가격이 3.28억 원까지 떨어져 있기 때문에 3.28억 원 이상을 써서 가장 높게 낙찰된 사람이 이 아파트의 주인이 되는 것이다.

사실 경매로 낙찰되는 것은 쉽다. 가장 높은 가격에 쓰면 된다. 하지만 그게 사실은 아니다. 결국 얼마나 싸게 사는지가 관건이다.

 그런데 분석하고 끝내실 거예요? 혹시라도 낙찰자에게 인수되는 사항이 있는지 없는지는 체크해보셔야죠.

입찰 가격 분석을 했다면 이제 낙찰자에게 별도로 인수되는 권리사항이 있는지 없는지를 살펴보아야 한다. 임차 관계를 따져 낙찰자에게 인수되는 금액이 있는지 없는지를 확인하는 것이 기본이었다. 기낭이 선생은 경매로 임차인이 나온 사례는 4가지 경우만 알아두면 충분하다고 했다.

경매로 임차인이 나온 사례 4가지

- 전입신고일자와 확정일자가 말소기준등기일보다 빠른 경우
- 전입신고일자와 확정일자가 말소기준등기일보다 느린 경우
- 전입신고일자는 말소기준등기일보다 빠르고 확정일자는 말소기준등기일보다 느린 경우
- 전입신고일자는 말소기준등기일보다 느리고 확정일자는 말소기준등기일보다 빠른 경우

첫 번째 사례부터 차근차근 살펴보도록 하자.

04

전입신고일자와 확정일자가
말소기준등기일보다 빠른 경우

[임차인이 있는 사례 1]

우선 임차인의 전입신고일자와 확정일자가 말소기준등기일보다 빠른 경우이다. 다시 말하면 '임차인의 대항력이 있는 경우'라고 할 수 있다. 임대차계약서 원본을 행정복지센터에 방문하여 제출하면 확정일자 도장을 받을 수 있다. 이는 임대차계약서가 실제로 존재했다는 것을 증빙하는 자료이다.

다음 사례를 한번 보자.

경매사건의 말소기준등기의 날짜는 2020년 12월 17일이다. 임차인의 전입신고일자와 확정일자는 2017년 9월로 말소기준등기의 날짜보다 3년이나 빠르다. 이렇게 되었을 때 2억 8,000만 원 미만으로 낙찰이 되었다면 임차인이 못 받는 배당금액에 대해서는 낙찰자가 인수해야 한다. 임차인의 대항력이 있기 때문에 못 받는 금액에 대해서 낙찰자에게 대항할 수 있다고 이해하면 쉽다.

해당 사건은 임차인이 배당신청 또한 배당요구종기일인 2023년 11월 13일보다 빠른 2023년 11월 6일에 법원에서 배당을 받아 간다고 신청했으며 확정일자 또한 기타 채권보다 날짜가 가장 빠르다. 간단히 말해서 이 경매사건 같은 경우, 2억 8,000만 원을 임차인이 전부 배당받아 가게끔 입찰가를 선정하셔야 좋다.

만약에 이 경매사건에서 배당요구를 안하게 되었다면 어떻게 될까요?

배당요구를 배당요구종기일 이내에 안 했다면 당연히 경매로 해당 부동산이 낙찰되어도 법원을 통해 배당을 하나도 못 받아 가고 2억 8,000만 원에 대해서 혹시 낙찰자가 전부 물어줘야 할까요?

맞아요. 그런데 '물어준다'보다는 '인수해야 한다'는 표현이 보다 더 정확합니다. 모든 경매사건마다 '매각물건명세서'가 있어요. 한번 찬찬히 보시겠어요?

지방법원								2023타경	
매각물건명세서									
사건	2023타경 부동산임의경매		매각물건번호	1	작성일자	2023.11.20	담임법관(사법보좌관)		
부동산 및 감정평가액 최저매각가격의 표시		별지기재와 같음	최선순위 설정	2020.12.17.근저당권			배당요구종기	2023.11.13	
부동산의 점유자와 점유의 권원, 점유할 수 있는 기간, 차임 또는 보증금에 관한 관계인의 진술 및 임차인이 있는 경우 배당요구 여부와 그 일자, 전입신고일자 또는 사업자등록신청일자와 확정일자의 유무와 그 일자									
점유자 성명	점유부분	정보출처 구분	점유의 권원	임대차기간 (점유기간)	보증금	차임	전입신고일자.외국인등록(체류지변경신고)일자.사업자등록신청일자	확정일자	배당요구여부 (배당요구일자)
	전부	현황조사	주거임차인	2017.09-현재	280,000,000		2017.09.29		
		권리신고	주거임차인	2017.09.29.-2024.09.28.	280,000,000		2017.09.29	2017.09.07.	2023.11.06

〈비고〉

※ 최선순위 설정일자보다 대항요건을 먼저 갖춘 주택·상가건물 임차인의 임차보증금은 매수인에게 인수되는 경우가 발생할 수 있고, 대항력과 우선변제권이 있는 주택·상가건물 임차인이 배당요구를 하였으나 보증금 전액에 관하여 배당을 받지 아니한 경우에는 배당받지 못한 잔액이 매수인에게 인수되게 됨을 주의하시기 바랍니다.

등기된 부동산에 관한 권리 또는 가처분으로 매각으로 그 효력이 소멸되지 아니하는 것

매각에 따라 설정된 것으로 보는 지상권의 개요

비고란

주1 : 매각목적물에서 제외되는 미등기건물 등이 있을 경우에는 그 취지를 명확히 기재한다.
2 : 매각으로 소멸되는 가등기담보권, 가압류, 전세권의 등기일자가 최선순위 저당권등기일자보다 빠른 경우에는 그 등기일자를 기재한다.

빨간색 칸을 항상 주의 깊게 보아야 해요. 매각물건명세서를 보고 혹시 특이사항은 있는지 없는지 판단해야 하고 배당요구 여부라는 칸을 보고 살고 있는 임차인이 있다면 배당요구

종기일 이내 배당요구를 했는지 안 했는지도 검토해야 해요. 이 배당요구 날짜에 따라 인수되는 금액이 완전히 달라질 수가 있거든요.

법원 입찰장에 가서 보면 컴퓨터가 있었죠? 임차인의 권리사항 그리고 추가된 권리사항 등이 있는지 없는지는 정말 중요하기 때문에 입찰하는 오전 당일까지도 법원 입찰장 가서 이 매각물건명세서를 보는 게 좋습니다.

첫 번째 사례는 생각보다 쉬웠다. 전입신고일자와 확정일자의 날짜가 말소기준등기의 날짜보다 빠르다면 결국 임차인이 못 받은 금액에 대해서는 낙찰자가 인수해야 하는 것이었다.

05

전입신고일자와 확정일자가 말소기준등기일보다 느린 경우

[임차인이 있는 사례 2]

이번에는 임차인의 전입신고일자와 확정일자가 말소기준등기일보다 느린 경우이다. 다시 말하면 '임차인의 대항력이 없는 경우'라고 할 수 있다. 다음 사례를 한번 보자.

임차인 현황							
점유목록	임차인	점유부분/기간	전입/확정/배당	보증금/차임	대항력	분석	기타
1	▓▓▓	주거용 전부 2022.6.7.~2024.6.7.	전입:2022-06-02 확정:2022-05-16 배당:2023-12-28	보:125,000,000원	없음	순위배당 있음	임차인
기타사항	* 현황조사 보고일시와 같이 현장을 방문하였으나 채무자 및 점유자를 만날 수 없어 주민등록상 등재된 ▓▓의 점유여부 및 임대차관계여부 알 수 없음.						

건물등기						
(채권금액:205,852,546원)						
순서	접수일	권리종류	권리자	채권금액	비고	소멸
갑(2)	2019-10-04	소유권이전	▓▓		매매 거래가액:180,000,000원	
을(17)	2019-10-04	근저당권설정	▓▓농협 (▓단동부지점)	117,600,000	말소기준등기	소멸
갑(5)	2023-10-11	가압류	신한카드(주)	10,245,651	2023가단▓▓ (인용)	소멸
갑(6)	2023-10-23	임의경매	▓▓농협	청구금액 107,030,560	2023타경▓▓	소멸
갑(7)	2023-10-30	가압류	(주)우리카드 (채권관리부)	24,936,433	2023가단▓▓ (인용)	소멸
갑(8)	2023-12-01	가압류	▓▓산협	28,070,462	2023가단▓▓ (인용)	소멸
갑(9)	2023-12-13	가압류	▓▓신용보증재단 (영업지원센터)	25,000,000	2023가단▓▓ (인용)	소멸

말소기준등기 날짜가 2019년 10월 4일인데 전입신고 날짜는 2022년 6월 2일이고 확정일자 날짜는 2022년 5월 16일이다. 말소기준등기 날짜보다 약 3년이나 늦다. 이런 경우는 얼마에 낙찰되든지 낙찰자가 별도 인수해야 하는 금액은 없다.

저랑 비슷한 사례이군요. 그럼 이런 사례는 만약에 아파트가 낙찰이 시세인 1억 2,000만 원에 낙찰이 되어도 결국 임차인의 확정일자 날짜가 말소기준등기인 근저당 날짜보다 늦어서 임차인은 하나도 배당을 못 받아 가겠네요.

네. 안타깝지만 그렇습니다. 그래서 이런 사례의 경우에 임차인이라고 한다면 무조건 경매로 본인이 낙찰받는 게 좋습니다. 요즘에는 '임차인 우선매수신고'라는 제도가 있으니까요. 해당 경매사건도 임차인 우선매수신고를 하여 어떻게든 임차인이 낙찰을 받는 게 좋을 수도 있습니다.

임차인 우선매수신고는 경매 공매에 우선매수를 행사할 수 있는 기회이다. 임차인 우선매수신고를 할 수 있는 첫 번째 방법은 매각기일 이전에 우선매수 신고서를 제출하는 방식이다. 사기 피해를 당한 임차인은 경매 입찰 14일 전까지 우선매수 신고서를 제출한다. 경매 입찰일이 되면 입찰자들이 제출한 금액들 중 '최고가'에 임차인 우선매수신고를 한 임차인이 낙찰을 받아 가게 된다.

임차인 우선매수신고의 두 번째 방법은 입찰 당일에 신고서를 제출하는 방법이다. 무조건 법원에 방문하여 다른 입찰자들이 제출한 가격을 본 후에 우선매수권을 행사할지 결정하는 것이다.

최근 전세 사기 피해자가 워낙 많아서 법원마다 "혹시 이 자리에 전세 사기 피해자 있으십니까?"라는 말을 하고 경매가 시작된다. 그리고 낙찰 후에 최고 가격이 결정되면 집행관은 임차인에게 우선매수신고를 할 거냐고 물어본다. 이때 낙찰을 받고 싶다면 우선매수신고서와 보증금을 제출하면 된다.

나와 비슷한 경매 사례를 설명 들으니 답답함이 몰려오고 속도 울렁거렸다. 사실 딱히 과소비를 하는 것도 아니어서 지금껏 월급만으로도 의식주 걱정 안 하고 살 수 있었다. 월급 벌면 집세 내고 친구들 만나 먹고 싶은 것 먹고 하고 싶은 것 하며 즐길 줄만 알았지, 이렇게 내 소중한 돈이 날아갈까 전전긍긍할 줄은 몰랐다. 혼란스러웠지만 임차인 우선매수신고로 한번 도전해봐야겠다고 다짐했다.

임대주택법에 따른 임차인 우선매수신고서

사 건   20 타경   부동산(   )경매
채권자
채무자(소유자)
■ 매각기일 20 . . . :
부동산의 표시 : 별지와 같음

 임차인은 임대주택법 제15조의2 제1항의 규정에 의하여 매각기일까지(집행관이 민사집행법 제115조 제1항에 따라 최고가매수신고인의 성명과 가격을 부르고 매각기일을 종결한다고 고지하기 전까지) 민사집행법 제113조에 따른 매수신청보증을 제공하고 최고매수신고가격과 같은 가격으로 채무자인 임대사업자의 임대주택을 우선매수하겠다는 신고를 합니다.

첨부서류
1. 임차인의 주민등록표 등본 또는 초본 1통
2. 기타(   )

20 . . .

우선매수신고인(임차인)   인
(연락처 :   )

지방법원 경매   계 귀중

임차인 우선매수신고서 양식

06

전입신고일자는
말소기준등기일보다 빠르고
확정일자는
말소기준등기일보다 느린 경우

[임차인이 있는 사례 3]

이번에는 전입신고일자는 말소기준일보다 빠르고 확정일자는 말소기준등기일보다 느린 경우이다.

 '경매로 돈을 벌 수 있는 사례'라고도 할 수 있지요.

 꼭 잡아야겠네요?

 다만 그만큼 발품도 팔아야 하고 조사해야 할 영역이 많습니다. 그 점을 염두에 두고 입찰해야 해요.

 조사해야 할 영역이란 게 구체적으로 뭐죠?

전입신고가 말소기준등기일보다 빠르니 대항력은 있지만 확정일자는 말소기준등기일보다 느리거나 미상이라서 결국 못 받는 보증금에 대해서 낙찰자가 전부 인수해야 할 수도 있다. 사례를 한번 보자.

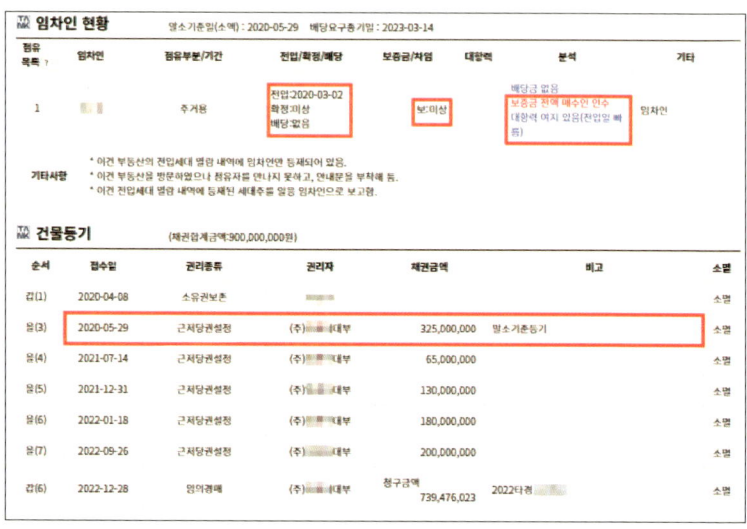

유료 경매정보 사이트를 통해 임차인 현황을 볼 수 있다(사진은 탱크 옥션)

말소기준등기의 날짜는 2020년 5월 29일인데 전입일자는 2020년 3월 2일이다. 전입세대열람내역을 참고하여도 해당 임차인은 2020년 5월 29일날 전입신고가 된 것으로 확인된다.

 경매로 사건이 나오게 되면 해당 집에 정말로 임차인이 살고 있는지, 아님 점유는 하고 있는지 집행관 사무소 담당 조사관들이 조사를 하게 됩니다. 그런데 해당 사건 같은 경우는 아무리 조사를 해도 알 수가 없다고 표시되어 있어요. 정확히는 '부동산을 방문하였으나 점유자를 만나지 못하고 안내문을 부착해 둠'이라고 표시가 되어 있네요. 경매로 집이 넘어갔다고 하면 임차인은 보증금 얼마에 살고 있다는 정보를 제공하고 배당요구도 하는 게 일반적인데 해당 사건은 확정일자도 미상, 배당요구도 안 했고 보증금도 알 수 없습니다.

 그럼 이런 사례는 전입신고 한 날짜는 말소기준등기보다 빨라서 대항력은 있는데 정확히 얼마를 인수해야 하는지 모르므로 주의해야 하는군요.

 맞습니다. 하지만 반대로 생각해보면 아무도 입찰을 안 하려 하겠죠. 이때 나름대로 조사하여 혹시라도 임차인이 경매로 집이 넘어간 채무자와 부모 자식 관계 혹은 배우자 관계라고 한다면 대항력을 인정 못 받기 때문에 싸게 낙찰받을 수 있어요.

 이게 그 유명한 '위장 임차인'의 사례인가요?

 맞아요. '가장 임차인'이라고도 하는데 정식 명칭은 따로 없어요. 어쨌든 이런 사례는 실제로 많아요.

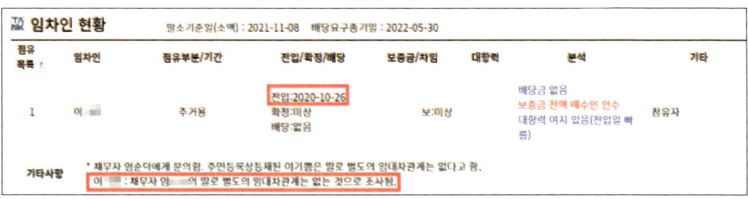

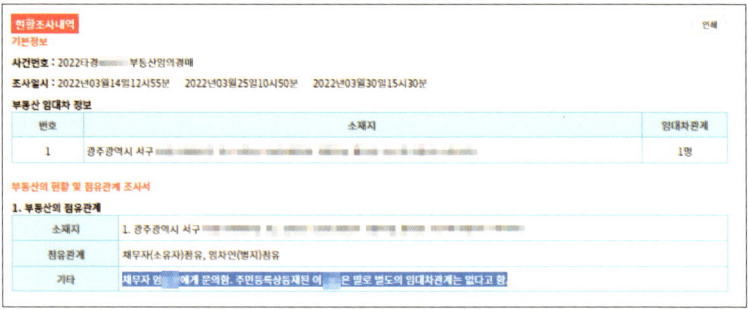

위 사례를 보면, 말소기준등기일이 2021년 11월 8일인데 전입일자가 2020년 10월 26일이다. 얼핏 대항력이 있어 보인다. 하지만 임차인 현황과 법원에서 작성한 현황조사서 등을 살펴보면 임차인 이XX는 엄XX의 딸로 별도의 임대차관계는 없다고 표기되어 있다. 즉, 경매로 낙찰받아도 대항력이 없다.

여기까지 설명을 들었을 때 나는 조금 의문이 들었다. 전입신고가 말소기준등기보다 빠르면 분명 대항력이 있다고 했는데 왜 부모 자식 사이와 배우자 사이에는 대항력이 없다고 하는 거지?

 당연히 대항력을 인정해주면 안 되죠! 경매로 나온 책임은 결국 채무자 때문에 경매로 나오게 되는데 채무자의 배우자나 부모 혹은 자녀가 임차인이라고 살고 있다고 별도로 낙찰자가 돈을 내줘야 하는 상황이 온다면 아무도 경매하지 않을 거에요.

가족 및 친인척 간 임대차계약 인정 여부

1. 부모와 자식간인 직계존비속(부모와 자식, 사위와 장인장모 그리고 며느리와 시부모사이에 체결된 임대차계약)은 진정하게 임대 보증금을 지불하고 임대차계약을 했다고 하여도 주택임대차보호법상의 보호를 받을 수 없다.
2. 형제끼리 또는 남매, 자매끼리 체결된 임대차계약은 징당한 임대차계약으로 되는 경우 주택임대차 보호법상의 대항력이 인정된다.
단, 임대차계약이 진정으로 인정받으려면 임대차계약을 체결하고 그에 상응하는 임대보증금을 지불한 증거가 있어야 한다. 지불 증거로 임대차계약 체결되기도 전인 금융거래내역서를 보낸다면 인정해주지 않는다.

전입일자가 말소기준등기일보다 빨라 대항력이 있어 보이는 사건은 일단 눈여겨봐야 한다. 특히 확정일자, 보증금, 배당요구 등에 대해서 제대로 신고를 안 한 임차인이며 해당 등기부등본에 근저당도 많이 잡혀 있다면 철저히 조사하자. 간혹 후순위 채권자 중 한 곳인 은행에서 무상거주확인서를 가지고 있기도 하다.

남들보다 발품을 팔고 빠르고 철저히 조사한다면 분명 돈이 되는 경매사건을 잡을 수 있습니다. 실제로 다음은 배당 이의 소를 제기해 가장 임차인임을 밝혀낸 사례입니다. 참고하여 읽어보면 좋을 것 같습니다.

2. 쟁점(피고가 가장 임차인인지 여부)에 관한 판단

공인중개사의 관여 없이 작성된 피고 제출의 2011. 10. 3.자 이 사건 주택 전세계약서에 의하면 전세보증금 4,500만 원 중 계약금 450만 원 계약 시 지불 영수, 잔금 4,050만 원은 2011. 10. 31. 지급하기로 약정되어 있었던 사실, 위 전세계약서에는 2011년도 한국공인중개사협회 발행 양식에는 없는 공동개업 공인중개사의 인적사항을 기재하는 항목이 있는데, 위 항목이 추가된 시기는 2016년경으로 보이는 점(그 작성일자를 소급 기재하였을 가능성을 배제하기 어렵다), 피고는 위 전세보증금이 4,500만 원이 아니라 4,000만 원이라고 주장하고 있고, 임차인이 임대인에게 전세보증금을 사정이 될 때마다 조금씩 지급하기로 약정하고, 이를 약 4년 10개월 동안 52회에 걸쳐 분할하여 지급한다는 것은 경험칙에 비추어 극히 이례적인 점, 피고가 제출한 전세보증금 수수 관련 금융자료에 의하면 그 지급 시기가 위 전세계약이 체결되기도 전인 2011.

1. 28.~2015. 11. 12.이고, 피고 주장의 수수 금액 합계 4,049만 원 중에는 피고 명의의 계좌에 입금된 256만 원도 포함되어 있으며, 수수된 위 돈 대부분이 현금으로 인출되어 그 사용처를 파악하기 어려울 뿐만 아니라, 위 전세계약서의 기재와도 부합하지 않는 점, 피고는 이 사건 주택의 소재 지번에 2011. 10.경 전입신고를 하고도 그로부터 4년이 경과한 2016. 2. 5.에야 위 전세계약서에 확정일자를 받았는데, 그 후 2개월도 지나지 아니하여 위 경매절차가 개시된 사실, 피고와 XXX는 친남매 사이인 사실을 종합하면, 피고는 XXX와 이 사건 주택에 관하여 형식적으로만 전세계약서를 작성하였을 뿐 실제로 전세보증금을 지급한 바 없는 가장 임차인이라고 봄이 타당하다(을 제1 내지 4호증의 각 기재만으로는 위 인정을 번복하기 어렵다).

07

전입신고일자는
말소기준등기일보다 느리고
확정일자는
말소기준등기일보다 빠른 경우

[임차인이 있는 사례 4]

마지막 사례는 전입신고일자는 말소기준등기일보다 느리고 확정일자는 말소기준등기일보다 빠른 경우이다. '우선변제권을 확보한 경우'라고 할 수 있다. 우선변제로 정해진 날짜에 따라 배당순서가 정해진다. 이번에도 사례를 하나 보자.

이쯤 되니 전입신고일자와 말소기준등기일을 확인하는 일은 익숙해졌다. 말소기준등기일은 2019년 8월 12일이고, 전입신고일자는 2021년 1월 14일이다. 대항력이 없어서 낙찰자가 별도로 인수하는 금액은 없다.

 네 맞아요. 만약에 3억에 낙찰되었다면 임차인은 어떻게 될까요?

 3억 원에 낙찰이 되었다면 우선 경매집행비용과 조세채권으로 어느 정도 금액을 먼저 빼주고 나머지 금액이 2억 9,500만 원 정도로 가정해보면……. 확정일자가 2019년 7월 22일로 건물등기부에 나온 어떤 채권자들보다 순위가 제일 빨라서 임차인이 제일 먼저 배당을 받아 갈 것 같습니다!

 땡! 틀렸습니다. 전입신고를 확정일자보다 먼저 날짜를 받았다면 확정일자를 받은 당일부터 우선변제권을 취득하고, 확정일자를 받고 이후에 전입신고를 하면 전입일자 그다음 날부터 우선변제권을 취득합니다. 그러니까 위 사례에서 확정일자가 더 빠르다고 그 날짜대로 배당을 해준다고 생각하면 안 됩니다. 실제 배당 순서는 아래와 같아요. 낙찰된 금액이 3억 원이라고 한다면 그 금액을 아래의 배당 순위에 따라 정확히 분배합니다.

경매집행비용(1순위) → 조세채권(2순위) → 근저당권설정(3순위, 2019-08-12) → 근저당권설정(4순위, 2020-12-17) → 임차인 (5순위, 2021-01-15) → 그다음 순위

임차인이 배당을 전부 다 받아 간다고 생각했는데 실제로 따져보면 임차인이 배당을 거의 못 받아 갈 것 같네요. 나중에 임차인에게 이사 가야 한다고 말해도 순순히 따르지 않을 수도 있겠어요.

음. 섣불리 일반화할 수는 없겠지만 아무래도 그런 경향이 있겠죠. 그래서 임차인이 있느니 경우, 사례마다 낙찰받은 이후의 과정도 다릅니다. 아무래도 배당을 전부 다 받아 가는 임차인이라면 이사를 내보내기 쉽겠지만 손해 보는 임차인이라면 이사를 내보내기 어려울 수 있죠. 이를 '명도'의 과정이라 하는데 이에 대해서는 다음 시간에 다루어보겠습니다.

PART
3

경매 실전 : 권리분석과 수익률 계산
"동네 물건부터 시작해 살고 싶은 지역의
물건까지 보고 또 보고"

01

한눈에 보는
권리분석 4단계

지금까지 기본적인 권리분석을 배웠다. 경매를 하는 사람들이라면 물건을 많이 보는 것도 중요하다. 아무래도 익숙한 지역일수록 물건의 위치나 상태 그리고 장단점을 파악하기 쉬울 것이다. 우선 본인이 살고 있는 지역의 경매사건들을 돌아보는 것부터 시작해보자.

Step 1_ 물건 검색

유료 경매정보 사이트(탱크옥션)에 로그인하여 경매사건을 지도로 검색할 수 있다. 지도검색을 눌러 확인해보니 쑥대밭이었다.

원래 경매로 이렇게 많은 물건이 나오나요?

십여 년간 경매 투자자로 지내왔는데, 요즘만큼 경매물건이 많이 나온 적은 없었습니다. 씁쓸한 일이지요.

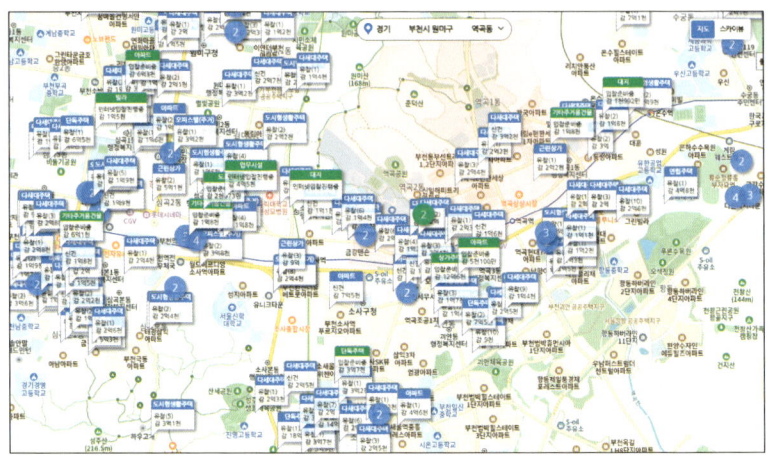

Step 2_ 권리사항 체크

해당 경매사건을 열람해 별도로 인수되는 권리사항 있는지 없는지 빠르게 살펴본다. 보통 경매사건이 진행되면서 낙찰자가 별도로 인수되는 사항이 있으면 빨간색 네모와 같이 주의해야 할 점이 뜬다. 그 외에도 선순위 가등기, 가처분, 유치권, 법정지상권이라는 말 등등 주의해야 할 권리사항이 포함되어 있으면 주의 깊게 권리분석을 해야 한다.

또한 경매로 나온 부동산의 최저가격이 얼마나 유찰되어 있는지 살펴보자. 동일한 평수의 주변 시세 그리고 실거래가격과 경매로 나와 있는 사건의 시세 차이를 생각해야 한다. 상가에 경매로 관심이 있다고 한다면 디스코, 부동산플래닛이라는 사이트를 활용하여 해당 부동산 주변으로 실거래 가격을 살펴봐야 한다. 무엇보다도 발품 팔며 현장을 조사하는 게 최고이다.

해당 부동산의 점유 부분과 면적 부분 또한 면밀하게 살펴보아야 한다. 가끔 경매사건 정보에 표시된 면적 부분이 실제와 다른 경우가 있을 수도 있다. 면밀하게 살펴보아야 하며 경매로 얼마나 싸게 받을 수 있는지 예상해보자.

Step 3_ 토지등기와 건물등기 체크

토지등기와 건물등기를 살펴보며 낙찰자에게 별도 인수되는 권리사항이 있는지 확인해보자. 말소기준등기 이하로 소멸되는 권리와 소멸되지 않는 권리를 잘 구분해야 한다. 다시 말해 경매 사건을 열람해 보면 토지/건물 현황 등을 볼 수 있다. 등기부등본 요약 내용 등을 보며 여러 등기 권리사항 중에서 인수되는 등기권리, 말소기준이 되는 등기 그리고 소멸이 되는 권리사항을 구분해야 한다.

권리사항 구분

- 인수되는 등기권리: 가등기, 가처분, 전세권, 지상권, 환매등기, 임차권, 유치권, 법정지상권
- 말소기준등기가 되는 권리: 저당권, 근저당권, 압류, 가압류, 담보가등기, 경매기입등기, 경매개시결정등기, 전세권
- 소멸되는 등기권리: 가등기, 가처분, 전세권, 지상권, 환매등기, 임차권, 저당권, 근저당권, 압류, 가압류, 담보가등기, 경매개시결정등기, 전세권 등

Step 4_ 임차인 유무 체크

경매로 나온 부동산에 임차인이 있는지 없는지 살펴보고 위에서 앞에서 배운 4가지 사례를 참고하여, 대항력은 있는지 없는지,

배당요구를 하여 배당을 전부 받아 가는지 못 받아 가는지, 배당을 못 받는 임차인이라면 낙찰자가 인수해야 하는 금액이 있는지 등을 꼼꼼하게 확인해보자.

참고로 다가구주택의 경우에는 대항력 있는 임차인도 있고, 대항력 여지는 있지만 미상인 임차인도 있으며 대항력 없는 임차인이 살고 있기도 하다. 현장과 매각물건명세서 등을 통해 권리관계를 따져봐야 한다

02

수월할 수도,
복잡할 수도 있는 명도

배당을 다 받아 가는 임차인이라면 수월하게 명도가 끝날 수도 있다. 하지만 손해 보는 임차인이 있거나 소유자 겸 채무자가 살고 있는 집이라고 한다면 어떻게 명도를 해야 하는지 고민해야 할 것이다.

명도란 토지나 건물 또는 선박을 점유하고 있는 자가 그 점유를 타인의 지배하에 옮기는 것이다. 쉽게 말해 건물을 점유하고 있는 사람을 다른 곳으로 이사시키는 과정을 의미한다. 기낭이 선생 말로는 실제로 이런 명도의 과정 때문에 힘들어하는 사람이 너무나도 많다고 한다. 심한 경우에는 집을 모두 파손시키기도 한다고.

1. 집 안을 물바다와 곰팡이 천국으로 만들어 놓은 경우
2. 고의적으로 벽지를 파손시킨 경우
3. 집 안의 모든 집기와 문 등을 박살 낸 경우

 제가 실제로 겪은 일이고 세 곳 모두 다른 물건입니다. 경매로 싸게 사는 데에 주목하기 십상인데, 그보다는 권리관계와 등기부등본을 보고 명도가 수월할지도 생각해보는 게 좋습니다.

 명도가 수월하게 끝나는 경우도 있나요?

 앞서 말한 대로 권리관계를 따져봤더니 점유하고 있는 임차인이 배당을 전부 받아 간다면 명도가 수월하지 않을까요?

 근데 집주인으로부터 못 받은 보증금을 경매로 다 배당받아 가고 이사를 안 나가면 어떡해요?

 그럴 일은 거의 없습니다. 경매로 낙찰이 되고 배당을 받아 가려면 법원에 낙찰자의 인감도장이 찍힌 명도합의서와 낙찰자의 인감증명서를 첨부해야 합니다. 무리한 이사비를 요구할 수도 없는 상황이죠. '명도확인서와 인감증명서를 줄테니 언제까지 이사를 나가셔야 합니다.'라는 식으로 명도를 수월하게 이끌어낼 수도 있겠죠.

명 도 확 인 서

사건번호 :

이 름 :

주 소 :

위 사건에서 위 임차인은 임차보증금에 따른 배당금을 받기 위해 매수인에게 목적부동산을 명도하였음을 확인합니다.

첨부서류 : 매수인 명도확인용 인감증명서 1통

2023 년   월   일

매 수 인   (인)

연락처(☎)

지방법원   지원 귀중

▣유의사항
1) 주소는 경매기록에 기재된 주소와 같아야 하며, 이는 주민등록상 주소이어야 합니다.
2) 임차인이 배당금을 찾기전에 이사를 하기 어려운 실정이므로, 매수인과 임차인간에 이사날짜를 미리 정하고 이를 신뢰할 수 있다면 임차인이 이사하기 전에 매수인은 명도확인서를 해줄 수도 있습니다.

03

명도 과정이 복잡해지더라도
결국은 해결된다

권리분석만 미리 잘해도 명도가 수월하게 이루어질 수 있다. 다만 권리분석을 해보면 명도가 복잡할 것이라 예상되는 경우도 많다. 기낭이 선생은 이에 대하여 "시간이 가면 결국 명도는 해결된다."라고 말했다. 법원을 통해 부동산 목적물을 낙찰받은 것이지 않은가. 임차인에게 대항력이 없는 경우에는 '인도명령신청'을 통해 '강제집행'까지 가서 목적물을 인도받을 수 있다.

해당 부동산을 낙찰받은 매수인이 매각대금을 납부하고 소유권을 취득했음에도 불구하고 누군가 계속 점유하고 있으면 낙찰자는 그 부동산을 사용하여 얻을 수 있는 수익을 얻지 못하게 된다. 이때 '인도명령신청'을 할 수 있다. 이전에는 명도 소송을 별도로 해야 했지만 민사집행법이 제정되면서 인도명령신청이라는 간소화 제도가 생겼다.

쉽게 말해서, 법원에 잔금 납부를 하면서 "법원님, 제가 부동산 인도받을 수 있게 도와주세요."라고 도움 요청을 하는 거죠.

그럼 인도명령신청을 해야 강제집행까지 갈 수 있는 건가요?

 맞아요. 인도명령신청을 하고 살고 있는 사람을 다른 곳으로 점유이전시키는 게 합당하다고 여기면 인도명령결정문이 나와요. 이런 결정문이 살고 있는 사람에게 송달이 되면 결국 강제집행까지 갈 수 있습니다.

 근데 제가 알기로는 이사비용을 얼마를 받고 이사를 나가던데……

 인도명령결정문이 나온다고 하더라도 그 과정이 원활히 풀리는 게 아니에요. 송달을 해도 살고 있는 사람이 인도명령결정문은 안 받기도 해요. 공시송달이라는 제도까지 가게 된다면 몇 개월은 금방 지나가다 보니까 인도적인 차원에서 이사비용을 서로 합의하고 이사 일정을 잡기도 합니다. 이사비용을 주는 것이 의무는 아닙니다.

 생각해보니 그렇긴 하네요. 아무래도 이사비용을 주고 조금 빨리 끝낸다고 생각하면 되겠어요.

 네. 시간적인 문제도 있겠죠. 막상 강제집행을 하게 되면 실제로 내부에 재산적 가치가 있는 것들은 매수인 맘대로 버리진 못하거든요. 짐이 있으면 보관업체에 보관하는 비용이 들

부동산인도명령신청서

인지
1,000원

사건번호: 20   타경

신 청 인:

   (주소)

피신청인:

   (주소)

신 청 취 지

피신청인은 신청인에게 별지 목록 기재 부동산을 인도하라는 재판을 구합니다.

신 청 이 유

위 사건에 관하여 신청인(매수인)은 20 . . . 매각대금을 낸 뒤 피신청인(□채무자, □소유자, □부동산 점유자)에게 별지 기재 부동산의 인도를 청구하였으나 피신청인이 이에 불응하고 있으므로, 민사집행법 제136조제1항의 규정에 따른 인도명령을 신청합니다.

20 . . .

신청인(매수인)   (서명 또는 날인)

연락 가능한 전화번호:

법원 귀중

◇ 유의 사항 ◇

1. 매수인은 매각대금을 낸 뒤 6개월 이내에 채무자·소유자 또는 부동산 점유자에 대하여 부동산을 매수인에게 인도할 것을 법원에 신청할 수 있습니다.
2. 괄호안 네모(□)에는 피신청인이 해당하는 부분을 모두 표시(☑)하십시오(예를 들어 피신청인이 채무자 겸 소유자인 경우에는 "☑채무자, ☑소유자, □부동산 점유자" 로 표시 하십시오).
3. 당사자(신청인+피신청인) 수×3회분의 송달료를 납부하시고, 송달료 납부서(법원제출용)를 제출 하십시오.

기도 하고요.

의무는 아니지만 원활한 명도를 위해서 이사비를 주고 끝내는 경우가 많다고 한다. 예전에는 '평당 8만 원~10만 원은 줘야 한다.'라는 이야기가 있었는데, 정해진 기준은 없다. 상황에 따라 잘 협상하는 게 좋다.

인도명령신청이 접수되면 사건번호를 부여받게 된다. 대한민국법원 홈페이지에서 [대국민서비스 〉 정보 〉 사건검색 〉 나의사건검색]에서 사건번호로 검색하면 진행 과정을 볼 수 있다.

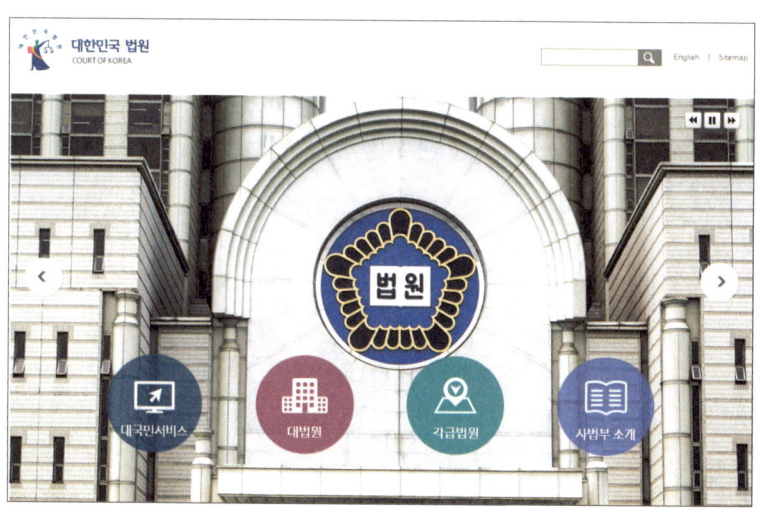

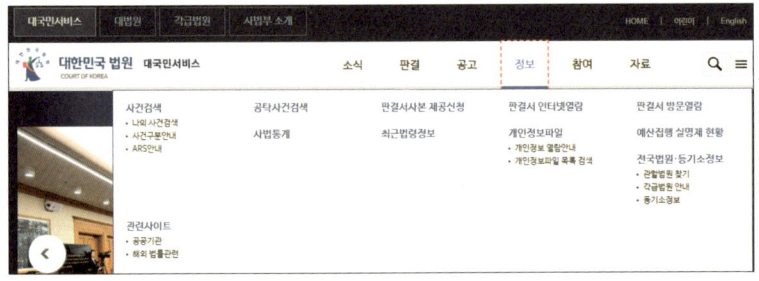

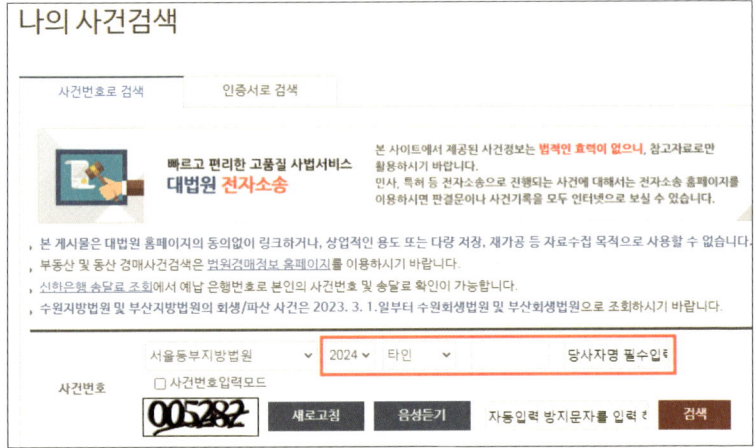

참고로 인도명령신청을 접수하면 '타인'이라는 사건번호가 붙는다. 관할법원을 선택하고 연도, 타인, 사건번호, 인도명령의 대상이 되는 사람의 이름 혹은 낙찰된 사람의 이름을 입력하면 된다.

실제로 제가 강제집행까지 갔던 사례를 한번 살펴볼까요? 어떻게 인도명령신청 접수가 되었고 그다음 과정까지 넘어갔는지 살펴보면 도움이 될 거에요.

일자	내용	결과	공시문
2023.06.16	신청서접수		
2023.06.19	결정		
2023.06.19	신청인1 이XX 에게 부동산인도명령 송달	2023.06.20 도달	
2023.06.19	피신청인1 문XX 에게 부동산인도명령 송달	2023.06.26 폐문부재	
2023.06.19	종국 : 인용		
2023.06.29	피신청인 문XX 참여관용 주소보정	미보정	
2023.06.29	신청인1 이XX 에게 주소보정명령등본(참여관용) 송달	2023.06.29 도달	
2023.06.30	신청인 이XX 야간송달신청 제출		
2023.06.30	피신청인1 문XX 에게 부동산인도명령 송달	2023.07.07 폐문부재	
2023.07.12	피신청인 문XX 참여관용 주소보정	미보정	
2023.07.12	신청인1 이XX 에게 주소보정명령등본(참여관용) 송달	2023.07.13 도달	
2023.07.13	신청인 이XX 주소보정서 제출		
2023.07.17	피신청인1 문XX 에게 부동산인도명령 송달	2023.07.19 도달	
2023.07.20	신청인 이XX 집행문및송달증명	2023.07.20 발급	

이XX은 낙찰받은 사람이고, 문XX은 부동산을 점유하고 있는 사람이에요. 2023년 6월 16일에 인도명령신청을 해서 3일 만에 인도명령결정문이 인용이 되었어요. 그러면 인도명령결정문을 살고 있는 사람에게 '송달'을 하여 정확히 사실을 알려줘야겠죠?

그런데 자료를 보면 2023년 6월 26일 날짜로 폐문부재라고 떴어요. 송달은 했지만 안 받았다는 말이에요. 그리고 주소보정명령등본이 낙찰자 집으로 오게 됩니다. 주소보정명령등본을 받으면 행정복지센터에 가서 점유하고 있는 사람의 초본을 뗄 수 있어요. 그걸 토대로 주소를 다시 한번 확인하고 다시 해당 집으로 인도명령 송달을 하면 됩니다. 또다시 폐문부재가 뜬다면 그 다음으로는 야간송달, 집행관송달 등을 신청해서 받게끔 해야 합니다.

 만약에 송달을 끝까지 안 받게 되면 어떻게 되나요?

시간이 걸릴 뿐이지 해결 못 하는 건 없다고 했죠? 결국 일련의 송달을 진행했음에도 '폐문부재'라고 뜬다면 그때는 법원에 '공시송달'을 요청할 수밖에 없습니다.

공시송달
상대방에게 통상적인 방법으로 서류를 송달할 수 없을 경우 당사자의 신청으로 법원이 직권으로 법원 게시판에 게시하여 실제 서류가 송달하지 않았음에도 송달의 효력이 발휘되게 하는 것

04

셀프 등기로
수익률을 높일 수 있다

기낭이 선생과 경매 공부를 한 지 꽤 시간이 흘렀다. 함께 물건을 분석하고 현장 조사도 다녔다. 어느덧 내가 살고 있는 집이 경매로 넘어갈 날도 성큼 다가왔다. 경매 공부를 하니 그동안 몰랐던 점이 보이기 시작했다. 어느 물건이 경매로 나오고 얼마에 낙찰되는지 보면서 요즘 부동산 분위기도 파악할 수 있었다. 점점 자신감이 붙으면서 종잣돈만 있으면 나도 경매로 돈을 벌 수 있겠다 싶었다. 종잣돈이 얼마나 있어야 경매를 시작할 수 있는지, 수익률 계산은 어떻게 하는지 궁금해졌다.

 경매 들어가기 전에 수익률을 예상해볼 수는 없을까요?

 물론 할 수 있죠. 실제 사례로 한번 수익률 분석해보는 연습을 해볼까요? 다음은 8,750만 원에 낙찰받아 1억 2,000만 원에 매도한 사례의 수익률 분석표입니다.

사건번호	2020타경XXXX		

구분	상세내역	비율	금액
낙찰가	낙찰가		87,500,000
	은행대출	70%	61,250,000
세금	취득세	1%	962,500
	기타(채권 금액 및 기타)	0.15%	131,250
	세금 합계		1,093,750
	인수해야할 보증금		-
	명도비(이사비 and 관리비)		1,800,310
	리모델링비 혹은 기타 수리 비용		8,256,500
	법무비		587,600
	중개 비용 및 기타 명도 대행 비용		
	취득비용 합계		11,738,160
	총 자기자본(은행대출 제외)		26,250,000
	실제 투자금액(총)		37,988,160

月 지출 및 수입

月 별 지출 (대출이자 포함 전체지출비용)	4%	204,167
月별 수입 예상 (보증금 제외 월세 임대수입)		500,000

매도결과

매도 금액		120,000,000
매도 전까지 투입 금액		99,238,160
이자비용	4개월	816,667
중개수수료		587,600
양도세		3,358,513
기타수입		-
차익		15,999,061

경매로 낙찰을 받게 되면 낙찰받은 부동산을 담보로 경락잔금 대출을 실행할 수 있다. 이때 물건의 종류, 개인의 신용도 및 주택 수 보유 상황에 따라 대출 정도가 달라진다. 얼마나 싸게 낙찰받느냐에 따라 대출을 많이 받을 수도 있고 대출이 조금밖에 안 나올 수도 있다. 사례에서는 1주택자 기준으로 낙찰가의 70%까지 대출이 나와서, 8,750만 원에 낙찰이 되었어도 실제 본인 자금은

30%였다.

 경매로 낙찰받으면 취득세 적용이 달라지나요?

 많은 사람이 뭔가 다를 거라고 생각하는데, 이는 잘못된 정보입니다. 취득세는 부동산 취득할 때의 규제와 똑같이 적용받습니다.

경매라고 해서 취득세가 다르게 적용되는 부분은 없다. 그렇다면 개인명의로 6억 원 이하 1주택을 낙찰받으면 취득세가 얼마나 나올까? 지방세와 채권 비용 포함해서 약 1.1%로 계산하면 된다. 국민주택채권 비용이 있다 보니 기낭이 선생은 1.15%로 계산하는 편이라고 팁을 주었다.

 아, 그리고 실제로 국민주택채권 비용은 할인율이 많이 달라지고, 간혹 할인율로 장난치는 이가 있을 수도 있으니 주의 깊게 살펴봐야 합니다.

해당 사례에서는 소형 아파트 59타입 기준이었고 약 180만 원의 이사비로 명도 협상을 했다. 그리고 부동산을 취득하면 당연히 법무비가 들어간다. 몇 년 전 사례이지만, 법무사에게 맡기면서 약 58만 원의 법무비가 들어갔다.

 법무비는 물건과 상황에 따라 달라지고 본인이 직접 등기를 쳐도 됩니다.

 경매로 낙찰받아도 셀프 등기가 되는 거군요!

 네, 맞습니다. 해당 물건은 실제로 4개월 만에 매도를 했어요. 이때 중요한 게 양도세인데, 경매로 낙찰받고 잔금을 치른 후 4개월 만에 매도하였다면 세금이 얼마나 될까요? 아, 참고로 매도할 때는 중개수수료가 발생했으며 부동산으로 인한 수익은 없습니다. 4개월 동안 아파트로 수익을 내었으면 좋았겠지만 해당 물건은 월세 같은 수입은 없었고 대출받은 이자만 고스란히 감당해야 했죠.

 부동산을 팔 때도 세금을 내야 하나요?

 이런! 당연히 세금을 내야죠! 주택 취득할 때 내는 취득세와 매각할 때 내는 양도세에 대해서 좀 더 살펴보겠습니다.

05

수익률 계산에 반드시 포함해야 할 취득세와 양도세

부동산을 취득할 때 내야 하는 취득세는 아래와 같다. 보유한 주택 상황에 따라 취득세율이 다르고, 조정대상지역이냐 조정대상지역 외의 지역이냐에 따라 세금 부과 방식이 달라진다. 주택 취득세표와 주택 외 취득세표를 참고해보자.

■ 주택 취득세표(2024년 7월 기준)

주택	구분	취득가액	취득세율	농어촌특별세 (전용면적 85㎡ 초과만)	지방교육세
1주택자		6억 원 이하	1%	0.2%	0.1%
		6억 원 초과 9억 원 이하	(취득가액×2/3억 원 −3) ×1/100		취득세의 1/10
		9억 원 초과	3%		0.3%
2주택자	조정대상지역		8%	0.6%	0.4%
	조정대상 지역 외	6억 원 이하	1%	0.2%	0.1%
		6억 원 초과 9억 원 이하	(취득가액×2/3억 원 −3)×1/100		취득세의 1/10
		9억 원 초과	3%		0.3%
3주택자	조정대상지역		12%	1%	0.4%
	조정대상지역 외		8%	0.6%	0.4%
4주택자	조정대상지역		12%	1%	0.4%
	조정대상지역 외		12%	0.6%	0.4%

■ **주택 외 취득세율표**

구분			취득세	농어촌 특별세	지방교육세	합계 세율
주택 외 매매(토지, 건물 등)			4%	0.2%	0.4%	4.6%
원시 취득(신축), 상송(농지회)			2.8%	0.2%	0.16%	3.16%
무상 취득(증여)			3.5%	0.2%	0.3%	4%
농지	매매	신규	3%	0.2%	0.2%	3.4%
		2년 이상 자경	1.5%	0.2%	0.1%	1.6%
	상속		2.3%	0.2%	0.06%	2.56%

　부동산 양도소득세는 개인이 부동산 등을 다른 이에게 양도하며 얻은 소득에 대해 부과하는 세금이다. 핵심은 '소득'에 대해 부과한다는 점이다. 소득이 발생했으면 세금을 내고, 소득이 발생하지 않았다면 세금을 내지 않는다.

　양도소득세는 부동산을 양도한 달의 말일부터 2개월 이내에 주소지 관할 세무서에 예정신고 및 납부를 해야 한다. 그리고 당해 년도에 부동산 등을 다수 양도한 경우에는 다음 해 5월 1일부터 5월 31일 사이에 확정신고 해야 한다.

　참고로 경매를 하다 보면 다양한 부동산 종류를 접하게 된다. 부동산 종류, 보유 주택 수, 보유기간에 따라 양도소득세는 다르게 적용된다. 양도소득세 기준표를 참고하자.

■ 부동산 종류 및 주택 수 보유기간에 따른 양도소득세

과세표준	세율	누진공제
1,400만 원 이하	6%	–
1,400만 원 초과 5,000만 원 이하	15%	126만 원
5,000만 원 초과 8,800만 원 이하	24%	576만 원
8,800만 원 초과 1억 5,000만 원 이하	35%	1,544만 원
1억 5,000만 원 초과 3억 원 이하	38%	1,994만 원
3억 원 초과 5억 원 이하	40%	2,594만 원
5억 원 초과	42%	3,594만 원
10억 원 초과	45%	6,594만 원

자산	구분		2025년 5월 9일까지
토지, 건물, 부동산 권리	보유 기간	1년 미만	① 50% ② 70%
		2년 미만	① 40% ② 60%
		2년 이상	기본세율
	분양권		60% / 70% ③
	1세대 2주택 이상		기본세율 ⑤
	1세대 3주택 이상		기본세율 ⑤
	비사업용 토지		보유 기간별 세율 ④
	미등기 양도 자산		70%
기타 자산			보유 기간 관계없이 기본세율

① 둘 이상의 세율에 해당하는 때에는 각각의 산출세액 중 큰 것
② 주택 및 조합원입주권을 양도하는 경우
③ 보유기간이 1년 미만일 것
④ 2016년 1월 1일 이후 모든 지역의 비사업용 토지 → 비사업용 토지 세율(기본세율 + 10%)
⑤ 보유기간 2년 이상인 조정대상지역 내 주택을 2022년 5월 10일부터 2025년 5월 9일까지 양도 시에는 기본세율 적용

경매로 낙찰받을 때 다주택자는 특히 주의해야 한다. 다주택자

는 기본적인 양도소득세에 중과세가 적용됩니다. 다주택자의 투기를 규제하기 위해 마련되었다. 다주택자 양도소득세 중과세율표를 참고하자.

■ **다주택자 중과세율표**

구분		보유 기간	세율	비고
2주택	조정대상 지역	1년 미만	70%	(경합 없음)
		2년 미만	60%	中 큰 세액
			기본세율+20%p	
		2년 이상	기본세율+20%p	
	일반 지역	1년 미만	70%	(경합 없음)
		2년 미만	60%	
		2년 이상	기본세율	
3주택 이상	조정대상 지역	1년 미만	70%	中 큰 세액
			기본세율+30%p	
		2년 미만	60%	中 큰 세액
			기본세율+30%p	
		2년 이상	기본세율+30%p	
	일반 지역	1년 미만	70%	(경합 없음)
		2년 미만	60%	
		2년 이상	기본세율	

역시 세금은 공부해야 할 게 많네요. 근데 질문이 있어요. 앞에서 봤던 수익률표에서는 양도세가 약 335만 원밖에 안 나왔는데 그 부분이 이해가 가지 않아요. 양도소득세 표를 보면 1년 미만에 부동산을 매도하게 되면 70% 이상의 세금을 내는데, 수익률표상으로는 기본세율 정도밖에 안 낸 것 같은데요? 양도차익만 따져도 약 3,250만 원의 차익을 봤는데 335만 원이면 뭔가 잘못 계산한 것 아닐까요?

역시! 눈치가 빠르시군요. 해당 사례는 부동산 매매사업자이기 때문입니다. 개인은 양도소득세 중과세가 적용되는 게 사실입니다. 하지만 부동산 매매사업자는 일반 세율 종합소득세로 세금을 내기 때문에 세금 혜택이나 공제를 받을 수 있습니다.

■ 수익률 분석표

항목		상세내역					비고
사건번호		202X 타경 XXXX					
물건의 종류		아파트					
대지권		11평	건물면적(㎡)		전용	22.00평	
소재지		수원 매탄동 임광아파트					5층
회당 입찰가	감정가	388,000,000					
	최저가	271,600,000					

구분	항목	상세내역		비율	임대 시	금액	비고
초기 투자 비용	낙찰가	· 낙찰가				₩322,040,000	감정가외
		· 은행대출		70%		₩225,428,000	낙찰가80%까지 가능
		· 입찰보증금				₩27,160,000	
		· 납부해야할 잔금				₩69,452,000	
	개인취득세	1주택->2주택		1.1%		₩3,542,440	
	· 인수해야할 보증금					₩0	
	· 명도비 (이사비 or 소송비)					₩2,200,000	평당 10
	· 인테리어/수리/청소					₩4,400,000	평당 20
	· 법무사비 기타 잡무비 합계					₩1,000,000	
	· 미납 관리비				관리사무소	₩200,000	
		소 계				₩11,342,440	비용(a)
	· 지출 비용 총합 (자기자본 투여금액)					₩107,954,440	
	· 총 투자금액 (낙찰가 + 총비용)					₩333,382,440	
수입	· 전/월세 보증금						
	· 월세			0개월		₩0	
		소 계				₩0	
	· 매도 금액					₩355,000,000	
지출	· 대출 이자/년 (거치식)			4.8%		₩901,712	월 이자
	· 보유기간동안 이자 / 월			6개월		₩5,410,272	6개월이자
	개인매매사업자	순수익 1,400만원 이하		6.0%		₩1,977,600	소득세
	· 중개수수료					₩1,420,000	매도가의 0.4%
		소 계				₩8,807,872	지출(b)
	총비용 (비용+지출)					₩20,150,312	(a+b)
계작	· 순수익				-	₩12,809,688	
	· 투자금 대비 수익률				-	11.9%	

06

부동산 매매사업자로 경매할 때의 장단점

부동산 매매사업자로서 일반세율로 적용받으면 세금을 많이 줄일 수 있다. 기낭이 선생 말로는 실제로도 부동산 매매사업자로 단기간에 매도 수익을 내는 사람이 많다고 한다.

앞서 예로 든 수익률표를 보면, 양도차익을 봐도 수리비가 추가로 들어가 4개월 만에 개인 명의로 매도를 하였다면 70% 이상의 양도소득세 세금을 내야 한다. 부동산 매매사업자로 일반세율 과세기준인 15%의 세금을 낼 수 있었다.

그동안 법원에 몇 번씩 다녀오셨는데 갔다 올 때마다 표정이 안 좋던데 이유가 있어요?

네. 사실은 너무 높은 가격에 낙찰이 되는 것 같아요.

조금이라도 부동산이 살아날 기미가 보이면 경매 낙찰가율이 높아지기는 해요. 하지만 그렇다고 무조건 다 높게 낙찰 되는 것은 아니지요. 세금 부담이 적다면 분명히 입찰 가격을 남들보다 높게 쓸 수가 있겠죠?

그 밖에 비용 처리를 하여 더 많은 공제를 받을 수도 있다. 일반 부동산을 매도하면 필요경비 등에 대해 공제받기가 어렵지만 부동산 매매사업자로는 도배, 장판 등 기타 수리비 전부 필요경비 항목으로 공제받을 수 있다.

■ 부동산 매매사업자의 장점과 단점

장점	단점
• 부동산 투자와 관련한 비용 처리가 가능하다. • 부동산 투자에서 발생한 손실을 10년간 다른 부동산 투자에서 발생한 이익에서 공제받을 수 있다. • 부동산 취득 후 단기 양도 시 기본세율을 적용한다. • 사업체 유지를 위한 부수비용이 없다. 단, 법인과 다르다. 법인은 기장장부 등 별도의 부수비용이 들어가는 경우가 많다. • 개인 매매사업자는 경락잔금대출과 연계하여 주택담보대출 또한 가능하다.	• 85㎡ 이상 취득 시 건물 부분에 대한 부가가치세를 별도로 납부해야 한다. • 부동산매매로 인한 소득 외에 다른 소득이 있을 경우, 합산하여 종합과세가 적용된다. • 기본소득이 높을 경우, 소득세 세금이 높아질 수 있다. 소득이 많아질수록 세금은 더 많이 내야 한다. • 부동산 매매차익 예정신고를 별도로 해야 한다는 단점이 있다(매도 잔금일로부터 2개월 이내 예정신고). • 절세효과가 크다. 단, 회계 세무 관리가 제대로 되지 않으면 세금 폭탄이 나올 수 있다. 종합소득세 형식이 아니라 양도세로 부과되어서 세금 폭탄 직행이다. • 조정대상지역에서는 절세효과가 없다. • 계속적 반복적이어야 하고 단순히 1~3건만 하는 것은 불가능하다. • 매매사업자용 부동산을 매수하기 전(경매로는 잔금 치르기 전)에 사업자등록을 해야 한다.

단기 양도 목적으로 부동산을 매매하는 경우, 대출이자 등 부동산 매매와 관련하여 비용이 많이 발생하는 경우, 부동산 매매외 다른 소득이 많지 않은 경우에는 부동산 매매사업자를 내는 방법을 고려해보면 좋다.

경매 노하우: 고수는 이것이 다르다
"경매로 돈을 벌고 싶습니다"

01

재개발 지역
빌라 경매

내가 경매를 공부하게 된 계기는 임차인으로 살고 있는 내 집이 경매에 넘어가게 되어서였다. 부동산에 대해, 경매에 대해 미리 알았다면 그렇게 쉽게 집주인한테 당하지는 않았을 것이다. 공인중개사의 말만 믿고 집값 대비 과하게 근저당 설정된 집에 계약을 하지 않았을 것이다.

경매를 공부해보니 결국 채권관계를 해소하기 위해서 법원을 통해 법적인 절차에 들어가는 것이다. 내가 임차인이든 채권자가 되었든 이런 배당관계를 면밀하게 따져야 한다는 것도 알게 되었다.

기본적인 경매 권리분석에 대해서 배운 것 같은데, 사람들은 어떻게 경매로 돈을 벌어요?

일반적인 경매사건들만 보다 보면 경쟁률이 높아 입찰은 엄두도 못 낼 수 있어요. 조금 더 경쟁력을 높이려면 남들의 관심도가 떨어지는 물건에 주목하는 것도 방법이죠.

대표적으로 다음과 같이 5가지 물건이 있으며 순서대로 살펴보겠다.

① 재개발 지역에 나온 빌라
② 10년 이내 지어진 다가구주택
③ 위장 임차인으로 의심되는 물건
④ 지분 물건
⑤ 상가 물건

제일 먼저 주목해보면 좋은 물건은 재개발 지역에 나온 빌라이다. 부동산 뉴스를 보다 보면 재개발이나 재건축하는 구역에서는 공사 중단, 시공사와 조합의 마찰, 공사비 인상 등 문제가 많다.

그런데 재개발 재건축을 경매로 낙찰받으라니 의문이 들었다. 기낭이 선생에게 재개발 지역의 빌라에 주목해야 하는 이유를 물었다.

 확실히 요즘 재개발 현장들의 분위기가 많이 안 좋아요. 특히 물가 상승과 금리 인상 등으로 인한 비용 발생으로 문제가 안 되는 사업장이 대한민국에 없는 건가 싶기도 해요. 자연스레 재개발 재건축에 대한 관심이 줄어들다 보니 거래가 안 되어서 결과적으로 재개발 구역의 소형 빌라 가격이 많이 떨어졌습니다.

그런 물건을 주목해야 한다는 거군요.

 흔히 재개발에서는 P(프리미엄)라고 불리는데 요즘 경매사건들을 보면 감정평가를 산정할 때 주변 부동산의 거래 사례도 참고하여 P를 포함합니다. 전국적으로 이런 유찰 퍼센티지가 높아지는 추세이고 재개발에 투자하라는 말이 아니라 결국 '재개발+경매'로 투자하라는 이야기입니다. 전국에 수많은 재개발 구역이 있어요. 경매로 확실히 시세보다 저렴하게 살 수 있다는 장점이 있습니다.

 어느 재개발 구역에 경매사건이 나오는지 어떻게 알 수 있나요?

 방법은 많겠지만 저는 아실(asil.kr)이라는 사이트를 주로 이용합니다. 그 외에도 리치고(mas.richgo.ai)라는 사이트도 있어요. 사이트에 접속해 지도에서 구역을 지정한 후 [경매/공매] 탭을 해당 구역의 경매사건들을 조회할 수 있습니다.

 재개발 구역에 나온 다세대 빌라를 경매로 낙찰받을 때 주의해야 할 점이 있을까요?

 주의해야 할 점이 많습니다. 일단 재개발 같은 경우를 얘기하자면 해당 구역에 경매로 나온 소유자가 다른 물건을 여러 개 가지고 있는 다물권자인지 확인해야 하고, 그 소유자가 조합원 명부에도 등록되어 있는지 해당 재개발 조합사무

아실 플랫폼의 재개발 재건축 구역 지도 예

실에 방문해서 정보를 얻어야 합니다. 재개발 구역은 1구역에 한 사람이 여러 개의 물건을 가지고 갈 수 없어요. 경매로 낙찰받아도 이런 부분은 확인해야 합니다. 혹시라도 현금청산자의 경매사건일 수도 있으니 조합에 꼭 확인하고 시세 대비 얼마나 싸게 살 수 있는지 꼭 수익률 계산을 하고 입찰에 들어가야 합니다.

특히 재개발 재건축 사업은 감정평가라는 단계가 꼭 있는데 경매로 낙찰받을 때 '감정평가를 시행하기 전에 나온 경매사건'인지 '감정평가가 된 이후에 나온 경매사건'인지를 구분하여 경매 입찰

감정평가 전 경매로 입찰할 시 주의해야 할 점
① 분양 자격: 각 시도별에 따른 분양자격의 요건 확인 필수
② 조합원 자격 여부: 재개발은 주택 or 토지를 소유해야 함
　　　　　　　　　재건축은 건물+부속토지를 함께 소유해야 함
③ 감정평가 전이라고 하면 주변 재개발 구역의 평당 감정평가를 비교·분석하여 적절하게 입찰예정금액으로 입찰해야 함(감정가를 미리 추산해보고 권리가액 등도 산정 필요)
④ 사업이 정상적으로 진행되고 있는지 확인할 것
⑤ 조합설립 동의율 등을 확인하고 비대위의 유무 정도를 확인

감정평가 후 경매로 입찰할 시 주의해야 할 점
① 경매로 나온 물건의 소유자가 분양신청했는지 그리고 조합원인지 확인(다물권자인지도 확인필요)
② 해당 시도 조례에 따른 조합원 자격 및 분양자격 여부 확인
③ 감정평가 이후로 조합원 분양신청을 했기 때문에 경매로 나온 해당 빌라는 신청 평형이 몇 평이고 그에 따른 P는 얼마가 될지 예상해봐야 함
④ 감정평가금액+P를 추산해보고 경매로 나온 매물로 얼마나 싸게 살 수 있는지 검토
⑤ 분양이 잘 될지 사업성 검토 및 비례율 예상해보고 입찰하기
⑥ 경매로 나온 근처 재개발/재건축 분양 분위기 살펴보기

을 준비해야 한다.

　재개발의 기본적인 사업단계는 다음과 같다. 어느 단계에 들어가느냐에 따라 수익성이 달라지니 꼭 그 사업의 과정을 찬찬히 공부해야 한다. 대부분의 신축 아파트는 재개발 재건축 방식으로 지어진 아파트이다.

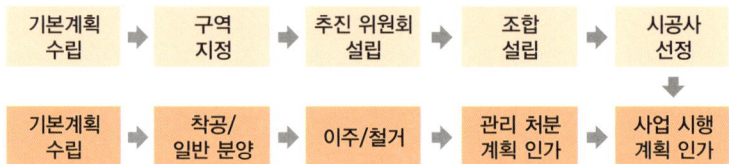

　현재 2025년은 건설사 분위기가 안 좋고 공급이 많이 위축되어 있는 시장이다. 금융 상황이 나아진다면 다시금 재개발 재건축에 대한 관심이 높아질 수 있다. 재개발 재건축이 여전히 프리미엄이 높지만, 경매로 저렴하게 살 수 있는 사건들이 나오니 꼭 '재개발+경매'를 함께 주목하면 좋다.

02

10년 이내 지어진
다가구주택 경매

기낭이 선생은 다가구주택을 공략하는 것도 좋은 방법이라고 했다. 지역별로 차이는 있지만 최근에는 다가구주택 낙찰 매각가율이 굉장히 낮은데, 이는 싸게 샀다는 의미이다.

 다가구주택 특성상 싸게 낙찰받을 확률이 높아요.

 아무래도 대출이 잘 안 나와서 그럴까요?

 맞아요. 다가구주택에 원룸방이 13개 있다고 하면 방마다 방공제를 받게 돼요. 가령 이 집이 경매로 넘어가게 되어도 근저당 설정된 것보다 최우선 변제로 방 하나마다 일정금액 이상씩 먼저 임차인들이 배당을 받아 가니 은행은 그만큼 대출을 더 안 해줍니다.

보통 아파트는 1주택이 70%까지 대출이 나온다고 하지만, 다가구주택은 방 개수에 따라 대출이 30%도 안 나오는 경우도 있습니다. 이자 조건에서도 불리하기 때문에 자금이 된다면 싸게 경매로 받고 현금흐름을 창출할 수 있어요.

 하지만 방이 많으면 명도도 힘들지 않을까요?

 다가구주택이라고 해서 명도가 특별히 어렵고, 아파트라고 해서 명도가 특별히 쉬운 건 아닙니다. 결국은 해당 임차인이 배당을 전부 받아 가는 임차인이라고 한다면 명도가 수월한 건 같으니까요.

경매 방식으로 낙찰을 받는 데 집중하고, 인수되는 보증금 액수만 미리 잘 계산하고 들어가면 현금 흐름을 잘 만들어낼 수 있어요.

그런데 대출이 30~40%밖에 안 나온다고 하면 경쟁률은 낮아질지 몰라도 내가 들고 있는 돈이 많이 필요하지 않을까. 이에 대해 기낭이 선생은 정말 경매로 낙찰받고 싶은 물건이라면 다가구주택을 신탁대출로 이용하여 대출을 받는 방법이 있으니 지역별 은행에 문의해보기를 권했다. 보통 경락잔금대출을 해주는 곳에서 신탁대출도 취급한다고.

 신탁명의로 계약해야 한다는 단점이 있지만 대출이 90%까지도 나오니까요.

아하, 그런 방법이 있군요.

 맞아요. 하지만 예전처럼 저금리의 시기는 아니라서……. 금리를 꼭 고려해야 하고 수익률 계산도 미리 한 뒤에 입찰해야 합니다.

신탁대출은 낙찰받은 금액의 90%까지도 대출이 가능하지만 명의를 신탁사 명의로 바꿔야하는 단점이 있다.

03

위장 임차인으로 의심되는 물건 경매

위장 임차인으로 의심되는 물건을 철저히 조사하여 그런 물건이라는 걸 밝혀냈을 때 입찰에 들어가는 방법도 추천합니다. 다음 사례에서 임차인의 전입신고의 날짜와 말소기준등기의 날짜를 비교해보세요.

 전입신고가 빠르니 일단 대항력 여지는 있다고 판단해야겠죠?

 네. 그런데 이런 물건은 위험한 경매사건 아닌가요? 실제 살고 있는 임차인일 수도 있겠지만 점유자가 의도하지 않은 채 채무자와 지인 관계상에 있다거나 그런 경우요.

 맞아요. 지인 관계로 임차인이 무상거주로 전입신고만 해놨다고 한다면요? 사례를 보면 의심이 가는 게 많아요.

 음, 어느 부분을 봐야 할까요?

 일단 소유권이전한 날짜와 임차인의 전입신고의 날짜도 똑

임차인 현황

말소기준일(소액): 2020-02-05　　배당요구종기일: 2023-02-10

점유목록	임차인	점유부분/기간	전입/확정/배당	보증금/차임	대항력	분석	기타
1	정■■	주거용	전입:2008-04-23 확정:미상 배당:없음	보:미상		배당금 없음 보증금 전액 매수인 인수 대항력 여지 있음(전입일 빠름)	임차인

기타사항　* 현황조사 보고일시와 같이 현장을 방문하였으나 채무자 및 점유자를 만날 수 없어 주민등록상등재된 정■■의 점유여부 및 임대차관계여부 알수없음.

건물등기

(채권합계금액: 355,307,205원)

순서	접수일	권리종류	권리자	채권금액	비고	소멸
갑(2)	2008-04-23	소유권이전	이■■		매매 거래가액:84,500,000원	
을(16)	2020-02-05	근저당권설정	한국주택금융공사	143,000,000	말소기준등기 확정채권양도전:신한은행	소멸
을(18)	2021-10-20	근저당권설정	(주)리드코프	78,000,000		소멸
갑(3)	2022-04-06	가압류	한국개피탈(주)	23,222,671		소멸
갑(4)	2022-05-09	가압류	(주)디지비캐피탈	26,427,871		소멸
갑(5)	2022-05-23	가압류	오케이저축은행	21,954,475		소멸
갑(6)	2022-05-27	가압류	오케이캐피탈(주)	21,458,874		소멸
갑(7)	2022-06-02	가압류	롯데캐피탈(주)	27,590,709		소멸
갑(8)	2022-09-19	가압류	전북은행 (여신관리부)	13,652,605		소멸
갑(9)	2022-10-26	압류	국민건강보험공단			소멸
갑(10)	2022-11-18	임의경매	한국주택금융공사	청구금액 124,079,726		소멸

같네요. 경매로 나올 것 같으니, 지인과 서로 계약서를 위조하는 등 불법행위를 불사했을 수도 있겠죠.

네? 그게 가능하다고요?

실제로 단순히 전입만 빨라도 어느 순간 돌변하여 낙찰자에게 불리한 일이 일어나는 경우가 많아요. '현황조사서'를 한 번 볼까요.

점유관계	채무자(소유자) 점유, 임차인(별지) 점유
기타	현황조사 보고일시와 같이 현장을 방문하였으나 채무자 및 점유자를 만날 수 없어 주민등록상 등재된 정XX의 점유 여부 및 임대차 관계 여부 알 수 없음.

'현황조사서'를 살펴보니 소유자와 어떠한 관계라고 쓰여 있지 않았다. 당시 실제로 임장을 해보고 관리사무소에 문의하는 등 조사를 해보았더니 점유하고 있지 않은 듯했다고 한다.

위장 임차인인지 조사하는 방법은 많다. 후순위 채권자들한테도 도움을 받을 수도 있다. 낙찰받기 전에는 후순위 채권자들이 정보를 주지 않겠지만, 낙찰을 받게 되면 후순위 채권자들을 통해 무상거주확인서를 받을 수도 있다. 후순위 채권자들도 본인들의 배당 순위가 밀려버리면 안 되기 때문에 이런 무상거주확인서를 써주는 데 협조할 확률이 높다.

그런 의미에서 '임차인이 있는 상황에서 은행에서 대출을 해줬을까?'라는 의문을 품고 경매사건을 바라볼 필요가 있다.

그럼 저렇게 경매로 배당신고도 안 하고 외형상 전입신고만 된 임차인들은 대부분 가짜 임차인이라고 봐야 할까요?

대부분이라고 말할 수는 없겠지만 지금까지의 경험으로 판단해보면 가족 관계인 경우가 많았어요.

 그럼 대항력이 없다고 봐야 할까요?

 가족관계라고 무조건 대항력 없다고는 말할 수 없습니다만 지극히 확률이 낮아집니다. 이런 사례는 현장 조사와 녹음 그리고 진짜 임차인이라고 주장하는 사람들과 만나서 금융거래까지 확인해볼 필요가 있습니다.

 정말 꼼꼼한 확인만이 최선이겠군요.

가족 간 친익척 간 임대차계약 인정 여부

진성 임차인 성립이 안 되는 것 : 부부간, 부모와 자식, 사위와 장인장모, 며느리와 시부모 사이에 체결된 임대차계약

진성 임차인 성립이 되는 것 : 이혼한 부부, 형제 자매지간, 친척지간은 주택임대차보호법상의 대항력이 인정된다.

→ 대법원의 판결은 친인척간에 체결된 임대차 계약이 진정한 것으로 인정받으려면 임대차 계약을 체결하고 그에 상응하는 임대보증금을 지불한 증거가 있어야 한다.

04

지분 물건 경매

지분으로 나온 곳을 경매로 투자하는 이도 많다. 지분을 경매로 입찰하려면 주의해야 할 점이 상당히 많다. 일단 지분 경매사건의 수익 사례는 다음의 5가지가 있다.

1. 낙찰자의 지분을 공유자가 인수하게 한다.
2. 공유자의 지분을 낙찰자가 인수한다.
3. 서로 협의해서 일반 부동산에 온전한 매물로 내놓아 매도 후 수익을 나눈다.
4. 공유물 분할청구소송을 통해 경매로 넘긴다.
5. 부당이득청구소송을 통해 매월 부당이득금을 받는다.

지분 물건은 한 부동산에 여러 명의 명의가 들어가 있고, 각각의 몫을 지분이라고 생각하면 된다. 지분 물건을 투자하려면 결국 공유자와 협상을 해야 한다. 공유자우선매수청구 없이 낙찰을 받게 되면 나머지 지분권자들과 만나 어떤 방향으로 가야 할지 협상해야 한다. 공유자우선매수청구란 경매로 나온 부동산에 대해서 공유자가 나머지 지분을 먼저 매수할 수 있도록 권리를 주는 제도이다.

그러므로 입찰 전에 공유자가 많고 복잡한 관계가 있다는 정보를 입수했다면 애초에 안 들어가는 게 좋다. 다만, 지분 물건을 찬찬히 살펴보면 그중 우량한 물건도 있다. 투자자로서는 소액으로 단기 투자할 수 있다는 것은 장점이므로 주목해보라 권하는 것이다. 또 협상할 상대방이 있다는 건 바꿔 말하면 전략을 짤 수 있다는 것이므로 유리하게 끌고 갈 여지가 있다.

하지만 대출에 제한을 받을 수도 있고 협상이 잘 안되면 오히려 명의만 쓰인다는 단점도 있겠네요?

맞아요. 그래서 지분 경매 시 간단한 대응법을 숙지하고 입찰을 들어가면 좋습니다.

지분 물건 경매 시 특히 주의해야 할 사항이 있다. 등기부등본상으로는 토지 전체에 대해 공유 이름으로 각각 지분등기 되어 있는 것처럼 보이지만 특정 부분을 배타적으로 사용 수익하는 관계인 구분소유적 공유관계가 있다. 판례에서는 상호명의신탁관계로 보는 경우이다.

지분 경매 낙찰시 대응 방법

1. 공유자 우선 매수청구를 할 수 있기 때문에 입찰하는 시기부터 근저당 금액을 살짝 상회하도록 입찰가 선정 후 낙찰
2. 공유자 우선매수신고 없이 낙찰
3. 공유자 혹은 점유자에게 내용증명
4. 1/2 지분에 대해서 인근 시세가를 비교하여 매입 제안
5. 협의가 안 될 시 무단 거주에 대한 1/2 지분 부당이득반환(월세) 청구
6. 부당이득반환소송 및 공유물분할청구소송

구분소유적 공유관계요?

네. 지분으로 구분소유 당시에 서로 간에 약정했던 특정 부분에 표상한 경우인데요. 경매로 나온 물건 자체에 감정평가사나 집행관이 공유관계를 정확히 파악하지 못하여 공유관계로 취급되는 경우가 발생해요. 그래서 결국에는 낙찰자와 다른 공유자 간 분쟁의 소지가 되기도 합니다.

구분소유적 공유관계라고 판단되면 공유물분할청구소송으로도 진행을 못 하나요?

일반적으로 협의가 안 되면 공유물분할청구소송을 통해 현물분할이나 대금분할을 하는 것도 방법이지만 구분소유적관계가 인정된다면 이것은 불가능하게 됩니다.

그러면 다른 공유자들이 구분소유적관계를 주장하면서 본인들이 주장하는 특정 부분에 대해서 소유권을 주장할 수도 있겠네요.

 맞습니다. 그래서 지분 물건도 꼭 공유자들의 관계 그리고 배경에 대해서 주목하고 입찰할 필요가 있습니다. 결국 모든 게 본인 책임이니까요.

05

상가 물건 경매

지금까지는 아파트나 주거용 경매물건만 보았다. 그런데 기낭이 선생 말로는 실제로 비율을 따져보면 근린상가나 구분상가 등 상가 부동산도 경매로 정말 많이 나온다고 한다. 상가 물건 경매에서 걱정되는 것은 역시나 명도였다. 상가는 인테리어 투자도 임차인이 했을 텐데, 하루아침에 자신의 상가가 경매로 넘어간 걸 임차인이 알면 곤란한 일이 발생할 것 같다. 살고 있는 집이 경매로 넘어간다고 들었던 나도 그렇게 청천벽력이었는데, 상가 임차인은 생계가 걸려 있을 게 아닌가. 그런 사람들을 상대로 명도를 원활히 풀어낼 수 있을까?

 상가를 경매로 낙찰받는 것은 어때요?

 상가도 경매로 낙찰받으면 너무 좋죠. 다만 권리분석 흐름이 약간은 다릅니다. 기본이 되는 것은 이런 임차인이 대항력이 있는가 없는가인데 결국 대항력이 있다는 말은 무엇일까요?

경매 사이트에 표시된 상가 임차인들을 한번 살펴볼까요?

임차인	점유부분/기간	전입/확정/배당	보증금/차임	대항력	분석	기타
(주)A사	사무실 주선8	사업:미상 확정:미상 배당:없음	보:무	없음	배당금 없음	임차인
(주)B사	사무실 5층 501호 2018.03.12.~2024.05.31.	사업:2020-06-05 확정:2023-06-20 배당:2023-05-22	보:10,000,000원 월:700,000원 환산:8,000만원	없음	상임법에 의해 보호적용은 되나, 보증금 법위 초과로 소액임차인은 해당하지않음 순위배당 있음	임차인
(주)K사	사무실 3층 304호 2022.04.06.~2023.04.05.	사업:미상 확정:미상 배당:2023-05-11	보:10,000,000원 월:400,000원	없음	소액임차인 Go 상임법에 의한 최우선변제 액 최대 1,300만원 배당금 없음	임차인 [차:월40만원(부가세 별도)]
(주)S사	사무실 4층 402호 2020.09.23-현재	사업:2017-10-11 확정:미상 배당:2023-06-19	보:10,000,000원 월:800,000원 환산:9,000만원	있음	상임법에 의해 보호적용은 되나, 보증금 법위 초과로 소액임차인은 해당하지않음 순위배당 없음 미배당 보증금 매수인 인수	임차인 [차:월80만원(부가세 별도)]

전입신고가 말소기준등기일보다 더 빠르게 되어 있다는 거죠. 그런데 여기 임차인들을 보면 전입신고가 아니라 사업이라고 표시되어 있는데, 이게 뭐죠?

정확히는 사업자등록일입니다. 주택은 전입신고를 기준으로 대항력이 있느냐 없느냐를 판단하고, 상가는 사업자등록일을 기준으로 대항력이 있느냐 없느냐를 판단합니다. 혹시 또 새로운 내용은 안 보이나요?

또 보여요! 환산이 무슨 뜻인가요?

상가는 아무래도 월세의 비중이 높죠? 그래서 '월세×100+보증금'으로 별도 계산해 환산보증금을 구해줘요. 그 환산보증금을 기준으로 상가건물임대차보호법상 보호 적용이 되는지 안 되는지 판단할 수 있습니다.

■ 상가건물임대차보호법 적용 대상 및 우선변제권의 범위

기준 시점	지역		임차인 보증금 범위	보증금 중 일정액의 범위
2002.11.1.~ 2008.8.20.	서울특별시	2억 4,000만 원 이하	4,500만 원 이하	1,350만 원
	과밀억제권역(서울특별시 제외)	1억 9,000만 원 이하	3,900만 원 이하	1,170만 원
	광역시(군지역 및 인천광역시 제외)	1억 5,000만 원 이하	3,000만 원 이하	900만 원
	그 밖의 지역	1억 4,000만 원 이하	2,500만 원 이하	750만 원
2008.8.21.~ 2010.7.25.	서울특별시	2억 6,000만 원 이하	4,500만 원 이하	1,350만 원
	과밀억제권역(서울특별시 제외)	2억 1,000만 원 이하	3,900만 원 이하	1,170만 원
	광역시(군지역 및 인천광역시 제외)	1억 6,000만 원 이하	3,000만 원 이하	900만 원
	그 밖의 지역	1억 5,000만 원 이하	2,500만 원 이하	750만 원
2010.7.26.~ 2013.12.31.	서울특별시	2억 원 이하	5,000만 원 이하	1,500만 원
	과밀억제권역(서울특별시 제외)	2억 5,000만 원 이하	4,500만 원 이하	1,350만 원
	광역시(수도권정비계획법에 따른 과밀억제권역에 포함된 지역과 군지역은 제외), 안산시, 용인시, 김포시, 광주시	1억 8,000만 원 이하	3,000만 원 이하	900만 원
	그 밖의 지역	1억 5,000만 원 이하	2,500만 원 이하	750만 원
2014.1.1.~2018.1.25.	서울특별시	4억 원 이하	6,500만 원 이하	2,200만 원
	과밀억제권역(서울특별시 제외)	3억 원 이하	6,500만 원 이하	1,900만 원
	광역시(수도권정비계획법에 따른 과밀억제권역에 포함된 지역과 군지역은 제외), 안산시, 용인시, 김포시, 광주시	2억 4,000만 원 이하	3,800만 원 이하	1,300만 원
	그 밖의 지역	1억 8,000만 원 이하	3,000만 원 이하	1,000만 원

기간	지역	보증금		
2018.1.26.~ 2019.4.1.	서울특별시	6억 1,000만 원 이하	6,500만 원 이하	2,200만 원
	과밀억제권역	5억 원 이하	5,500만 원 이하	1,900만 원
	부산광역시	5억 원 이하	3,800만 원 이하	1,300만 원
	부산광역시 기장군	5억 원 이하	3,000만 원 이하	1,000만 원
	광역시(수도권정비계획법에 따른 과밀억제권역에 포함된 지역과 군지역은 제외), 안산시, 용인시, 김포시, 광주시	3억 9,000만 원 이하	3,800만 원 이하	1,300만 원
	세종특별자치시, 파주시, 화성시	3억 9,000만 원 이하	3,000만 원 이하	1,000만 원
	그 밖의 지역	2억 7,000만 원 이하	4,000만 원 이하	1,000만 원
2019.4.2.~	서울특별시	9억 원 이하	6,500만 원 이하	2,200만 원
	과밀억제권역(서울특별시 제외)	6억 9,000만 원 이하	5,500만 원 이하	1,900만 원
	부산광역시	6억 9,000만 원 이하	3,800만 원 이하	1,300만 원
	부산광역시 기장군	6억 9,000만 원 이하	3,000만 원 이하	1,000만 원
	광역시(수도권정비계획법에 따른 과밀억제권역에 포함된 지역과 군지역은 제외), 안산시, 용인시, 김포시, 광주시	5억 4,000만 원 이하	3,800만 원 이하	1,300만 원
	세종특별자치시, 파주시, 화성시	5억 4,000만 원 이하	3,000만 원 이하	1,000만 원
	그 밖의 지역	3억 7,000만 원 이하	3,000만 원 이하	1,000만 원

예를 들어 서울 기준으로 환상보증금이 9억 원 이하라고 한다면 상가건물임대차보호법상 임차인으로서 보호 적용이 된다. 하지만 보호 적용이 된다고 하더라도 경매로 넘어가게 되면 이야기가 달라진다. 상가 임대차는 딱 떨어지는 기준으로 판단하기보다 건별로 이것저것 따져봐야 한다.

경매로 넘어가면 저처럼 억울한 상가 임차인들이 나올 것 같아요. 특히 권리금 회수도 회수해야 하는데 문제가 없나요?

 대항력이 있는 임차인이라고 한다면 임대인의 지위를 승계한 경매의 낙찰자에게 현 임대차 계약의 내용을 주장함으로써 애초의 임대차만료일까지 영업할 수 있습니다. 그러니까 대항력이 있다는 게 중요합니다. 대항력이 없으면 결국 임차인은 명도의 대상이 되니까요. 이런 부분을 꼼꼼하게 확인해야 합니다.

경매로 낙찰받는 사람은 임차인이 있을 시 관계를 먼저 따지고 수익률도 분석해야 한다. 월세 수익률 구하는 공식은 다음과 같다.

월세 × 12 ÷ (경매로 나온 부동산 상가의 최저입찰가 − 보증금) × 100 = 수익률(%)

아래와 같은 상가가 있다고 해보자. 위 공식으로 수익률을 분석해보자.

현 상가 임차인 월세 상황: 보증금 5000만 원 , 월세 120만 원
경매로 나온 부동산 상가의 최저입찰가): 2억 2,000만 원

120만 원 × 12 ÷ (2억 2,000만 원 – 5,000만 원) × 100 = 8.4%

경매 최저가격으로 낙찰을 받게 되어 현재 임차인과 동일 계약으로 재계약을 한다면 8.4%의 수익률이 발생한다. 이를 계산해보고 입찰을 결정하는 게 좋다. '수익률 몇 퍼센트여야 입찰한다'는 기준은 없다. 다만 시중금리와 비교하여 +3% 이상 수익률이 나온다면 긍정적으로 생각해볼 수 있지 않을까.

경매 심화: 경매 입찰 전 알아두면 좋은 것
"보증금 10%를 날리는 일이 없도록!"

01

매각 후에도
소멸되지 않는 권리, 유치권

경매에서는 권리관계를 잘못 분석하면 자칫 보증금 10%를 날릴 수도 있다. 경매사건들을 찬찬히 둘러보면 미납을 많이 볼 수 있다. 권리관계에서 매각과 함께 소멸되는 권리에 대해 앞서 다룬 바 있다.

그런데 매각 이후에도 소멸되지 않는 권리들이 있다. 대표적으로 유치권, 선순위 가등기, 법정지상권, 배당요구하지 않는 전세권이 있다. 하나씩 찬찬히 살펴보겠다.

첫 번째는 유치권이다. 땅을 사서 건물을 올릴 때 공사업자와 계약을 맺어서 건물을 올리고 계약금을 입금한다. 그런데 최근 경기가 안 좋아서 그런지, 자금이 부족해 공사업자에게 공사대금을 지불 못 하는 사태가 종종 발생한다. 이런 사태가 발생하면 해당 땅과 지어진 건물이 경매로 넘어가고 공사업자는 유치권신고를 하게 된다.

기본적으로 유치권은 특정 물건을 직접 지배하여 이익을 얻는 배타적 권리의 물권이다. 등기부등본에 유치권이라는 권리를 등기 못 시킨다. 그래서 배타적이라고 부른다. 유치권이라고 해서 등기부상에 표기할 수 있는 것은 아니지만, 민법상 배타적 권리의 물권으로 인정하고 있다.

유치권 신고는 누구나 할 수 있고 경매로 나온 부동산에 유치권이 진짜인지 가짜인지는 법원에서 판단하지를 않는다. 그러므로 낙찰자는 유치권이 신고되어 있다면 조사해야 할 부분이 많다. 유치권이 성립하려면 아래와 같은 요건이 필수이다.

유치권 성립 요건
1. 목적물이 타인의 소유여야 한다.
2. 목적물을 점유하고 있어야 한다.
3. 피담보채권(받을 돈)이 그 목적물에 관하여 생긴 것이어야 한다.
4. 피담보채권(받을 돈)이 변제기에 도래해야 한다.
5. 당사자간에 유치권 성립을 배제하는 특약이 없어야 한다.
6. 적법한 절차에 의해 점유를 하고 있어야 한다.

유치권 신고가 되어 있지만 해당 경매사건에 후순위 채권자들 중 누군가가 유치권 배제신고서라도 제출했다면 의심하고 조사해봐야 한다. 유치권을 파헤치는 방법은 다음과 같다.

① 목적 부동산이 '타인'의 소유가 아닌 경매로 넘어간 소유자의 소유임을 나타내는 증거를 찾기

② 공사대금 채권의 변제기가 도래하지 않았다는 증거를 찾기
③ 허위 또는 과장된 채권임을 나타내는 증거를 찾기
④ 공사대금을 요구하는 공사업체가 건축 관련 자격은 있는지 면허나 사업자등록증은 있는지 살펴보기
⑤ 경매신청이 들어온 이후에 유치권 신고가 들어온 건 아닌지
⑥ 경매개시결정 기입등기일 이전에 점유를 개시해야만 유치권의 효력 발생
⑦ 유치권의 성립을 배제하는 특약이 있다는 증거 찾기

02

매각 후에도 소멸되지 않는 권리, 선순위가등기

등기부등본을 열어서 살펴보면 등기 목적이 '소유권이전청구권가등기'인 경우가 있다. 즉, 등기원인이 매매예약으로 가등기가 된 물건이다.

순위번호	등 기 목 적	접 수	등 기 원 인	권리자 및 기타사항
				403호 거래가액 금239,580,000원
	1번신탁등기말소		신탁재산의 처분	
3	1-1번금지사항등기 말소			2번 소유권이전등기로 인하여 2021년1월19일 등기
4	소유권이전	2021년1월29일 제6293호	2020년12월17일 매매	소유자 심▒▒▒▒▒▒▒▒ 거래가액 금350,000,000원
5	소유권이전청구권가 등기	2021년1월29일 제6294호	2021년1월14일 매매예약	가등기권자 김▒▒▒▒▒▒▒

가등기라는 말 자체가 어려워서 혼동이 많은데, 부동산의 등기부등본에다가 예약을 걸어둔 것이다. 가등기라는 말은 임시로 올린 등기라고 보면 된다. 본등기를 하기 전에 요건을 갖추지 못하

여 장래에 하게 될 본등기의 순위를 보전하기 위해 예비로 설정해 두는 것이다.

당근에 중고물품을 팔 때를 떠올려보면 이해하기 쉽다. 물건을 하나 팔려고 당근에다가 물건의 사진과 가격을 올려놨다. 그러다 구매자가 나타나면 예약을 받고 장소에 나가 직거래를 하게 된다. 당근에서 채팅이 오고 다른 사람에게 팔리면 안 되니 예약을 걸어 주라고 연락이 온다. 그럼 판매자는 다른 사람들이 채팅을 못 하게 예약으로 걸어준다. 이게 바로 가등기다.

부동산을 거래할 때도 마찬가지다. 정말 급매로 부동산이 싸게 나왔다. 급한 성격을 참지 못하고 계약금을 빨리 보내고 매매계약까지 하게 되었다. 그런데 아뿔싸! 3주택이 되어버렸네? 3주택이면 취득세가 많이 나온다는 사실을 몰랐던 것이다. 그렇다고 계약금을 날리긴 아깝다. 등기를 미루자니 매도인이 다른 사람에 팔아버릴 수도 있을 것 같다.

이런 경우 매도인과 합의하여 소유권을 이전받기 전까지 매수인이 모든 비용을 책임지고 가등기를 한다. 결국 내놓은 집이 모두 팔리게 되면 본등기를 할 수 있어 세금을 절약할 수도 있다.

하지만 가등기는 소유권 보전을 위한 소유권 이전 청구와 채무를 변제하지 않으면 소유권을 이전하기로 하는 채권 담보 목적의 가등기로 나뉜다. 가등기가 실제로 소유권뿐만 아니라 지상권, 지역권, 전세권, 저당권, 권리질권 등에도 설정이 가능하기 때문에 소유권과 담보 목적의 가등기로 나뉜다고 생각하면 된다. 그래서 내가 계약하려는 부동산에 가등기가 되어 있다면 주의 깊게 살펴보고 그 배경을 물어봐야 한다.

부동산 경매에서는 말소기준등기일보다 빠른 선순위가등기가 되어 있다면 인수라고 생각해야 한다. 정말 조심해야 되는 경매사건이다.

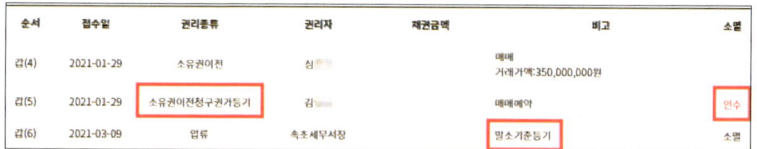

03

매각 후에도 소멸되지 않는 권리, 법정지상권

경매사건을 보다 보면 매각물건명세서상에 "지상에 매각에서 제외되는 건물(주택 등)을 위하여 법정지상권 성립 여지 있음"이라고 표시된 경매사건이 있다. 이런 물건도 잘하면 돈이 될 수도 있다.

우선 토지를 낙찰받아야 한다. 법정지상권 성립 여지가 있다고 하는데 건물을 낙찰받으면 안 된다. 토지만 매각인 경매사건에 대해서 무조건 관심을 가져야 한다. 결국 법정지상권이 성립이 되든 안 되든 토지를 가지고 있으면 토지 위에 있는 건물 소유자를 대상으로 지료 등을 청구할 수도 있기 때문이다.

경매 등의 사정으로 토지와 건물이 소유자를 달리하게 된 때에 건물 소유자를 위하여 법률로 인정하는 지상권을 말한다. 법정지상권이라고 등기부등본에 기재가 되지 않지만 이러한 지상권을 인정해주지 않는다면 건물 소유자는 아무 권리 없이 타인의 토지를 사용하는 것이 되어서 결국 건물을 철거하지 않으면 안 된다. 토지 소유자로서는 건물 철거하라고 가처분 신청을 하게 될 것이다.

반대로 생각해보면, 법정지상권이 성립하지 않는 토지를 낙찰받았고 건물의 가치가 있다고 한다면 수익이 괜찮은 사례를 만들어볼 수 있겠다. 다음은 법정지상권이 성립하는 요건이다.

① 저당권을 설정할 당시에 토지와 건물이 동일 소유자의 것이어야 한다.
② 토지와 건물 어느 한쪽에 저당권이 설정되어야 하며 저당권의 실행에 따라 경매됨으로써 소유자가 달라져야 한다.
③ 저당권 설정 당시 토지 위에 건물이 실제로 존재했어야 한다.

법정지상권으로 돈을 벌려면 무조건 땅을 사야 한다. 땅이 우선이라고 생각해야 한다. 일반적인 물건은 땅과 건물이 같이 나오지만 법정지상권을 활용해 돈을 벌려고 마음먹었다면 무조건 땅을 매입해야 한다. 땅을 가지고 있다면 법정지상권이 성립한다고 하더라도 지료를 청구할 수 있게 되고 지상권이 성립하지 않는 경우는 철거명령까지 내릴 수 있다(불법점유로 판단 시).

단 철거명령까지 내리려면 판사의 판결이 필요하다. 가처분을 내리는 과정, 어떻게 경매와 얽히는지에 대해서도 충분히 공부해야 한다.

04

배당요구하지 않은 선순위 전세권

선순위 전세권은 배당요구를 하는 경우와 배당요구를 하지 않는 경우로 나뉜다. 선순위 전세권자가 배당 요구를 하면 전세권이 말소기준이 되어 소멸한다. 선순위 전세권 자체가 말소기준권리가 되어 소멸한다.

하지만 경매 신청을 하지 않은 선순위 전세권자가 등장한다. 경매 신청을 하지 않았고 배당요구를 하지 않을 때는 낙찰자가 인수해야 함을 주의해야 한다.

하나의 사례를 살펴보자. 아래 사건도 결국 낙찰이 되었지만 미납이 두 번이나 발생했던 사례이다. 해당 사건에서 낙찰받은 사람은 무엇을 실수하여 미납이 발생했을까?

미납이란 말은 최저가격의 10% 보증금을 날리는 경우이다. 등기부 요약과 임차인 현황을 살펴보면 말소기준등기인 가압류보다 더 빠르게 전세권설정이 되어 있다. 경매를 신청한 전세권자가 아니며 매각물건명세서상 확인을 해봐도 이 전세권자는 배당요구를 하지 않았다. 결국 이 배당금 전부에 대해서 낙찰자가 별도로 전

액 인수해야 한다.

    낙찰을 받았어도 미납을 한 사람들은 실제로 이러한 배당신청을 했다고 판단하여 낙찰대금에서 배당을 받아 간다고 판단했을 수도 있다. 하지만 그건 잘못된 권리분석 방식이다.

사실 의문점도 드는 것도 사실이다. 선순위전세권자이면 어차피 배당요구종기일 이내 배당신청을 해서 보증금을 한시라도 빨리 받아 가는 게 좋지 않을까?

선순위 전세권이 인수냐 소멸이냐고 혼동되는 이유는 어떻게 보면 주택임대차보호법상 임차인 때문이다. 임대차보호법 상의 임차인들은 대항력도 가지고 있고 확정일도 최선순위로 설정되어 있는 경우 우선변제권도 가지고 있다.

그러므로 경매 절차에서 우선변제권을 행사해 보증금 전액에 대해서 배당을 전부 못 받아도 우선변제권은 소멸하지만 대항력이 있는 상태이기에 못 받는 보증금에 대해서는 낙찰자에게 청구할 수 있다.

전세권이 설정되어 있다고 대항력 있는 임차인이라고 말할 순 없다. 전세권은 결국 배당요구를 해도 못 받는 금액이 있으면 낙찰자가 인수하지 않는다. 꼭 선순위 전세권자와 대항력 있는 임차인에 대해서 구분해야 한다.

05

등기부등본에서
왜 날짜 체크가 중요한가

법원 경매에 참여하려면 최저매각가격의 10%를 보증금으로 제출하는 것이 원칙이다. 사실 선순위전세권 사례에서도 살펴봤지만 보증금을 날리는 사례는 정말 많다.

보증금을 날리지 않기 위해 법원에 매각 불허가 신청을 하기도 하는데, 안 받아들여지면 입찰할 때 제출했던 최저가의 10%의 보증금을 못 돌려받게 된다.

이런 경우를 절대 만들면 안 되겠죠? 다음 사례도 한번 볼까요. 혹시 이상한 점 없나요?

임차인이 2명이에요? 아파트 1세대에 2명의 임차인이 있는 게 이상한데요?

이상한 점은 그게 아닙니다. 해당 사건은 임차인이 있는데 서울주택도시공사에 보증 형식으로 돈을 빌려 임차인으로 신고한 것이에요. 중요한 것은 한 명의 임차인으로 보면 되는데 배

임차인 현황

말소기준일: 2017-02-07   소액기준일: 2019-12-18   **배당요구종기일: 2017-12-18**

No	임차인	점유부분/기간	전입/확정/배당	보증금/차임	대항력	분석	기타
1	김■■	주거용 미상	전입:2016-12-06 확정:미상 배당:없음	보:미상		배당금 없음 보증금 전액 매수인 인수 대항력 여지 있음(전입일 빠름)	
2	서울주택도 시공사	주거용 건물 전부	전입:2016-12-06 확정:2016-11-24 **배당:2019-03-26**	보:180,000,000원	없음	배당금 없음 보증금 전액 매수인 인수 배당종기일 후 배당신청	임차권등기자
		계		임차인: 2건, 임차보증금합계: 180,000,000원			

기타사항: ▶폐문부재로 안내문 남겨두고 왔으며, 아무연락이 없어 점유관계 미상이나 전입세대열람내역상 소유자세대 아닌 세대주 김■■의 주민등록등본이 발급 되므로 임대차관계조사서에 김■■를 일응 점유인으로 등재함
▶현장에 임한 바, 폐문 부재로 소유자 및 점유자 발견할 수 없어 무현함에 안내문 투입
▶김■은(는) 전입일상 대항력이 있으므로, 보증금없는 임차인일 경우 인수여지 있어 주의요함.

건물등기

(채권합계금액:218,739,342원)

순서	접수일	권리종류	권리자	채권금액	비고	소멸
갑(2)	2016-12-12	소유권이전(매매)	이■		거래가액:195,000,000	
갑(3)	2017-02-07	가압류	김■	18,739,342	말소기준등기 2017카단90	소멸
갑(4)	2017-09-15	강제경매	김■■	청구금액 10,000,000	2017타경■■	소멸
갑(5)	2017-10-31	가압류	경기신용보증재단	20,000,000	2017카단203589	소멸
갑(6)	2017-11-23	압류	국민건강보험공단 (전주북부지사)			소멸
을(3)	2019-03-26	주택임차권(건물 전부)	서울주택도시공사 (전세임대부)	180,000,000	전입:2016.12.06 확정:2016.11.24	

배당요구종기일 이후에 배당 요구한 게 보이나요? 이런 경우에는 전입일자와 확정일자가 말소기준등기보다 빨라 대항력이 있어도 배당요구를 하지 않은 것으로 보아야 합니다. 확정일자가 가장 빨라 먼저 배당을 받아 가는 것처럼 보여도 결국 배당요구 자체를 안 했기 때문에 보증금 전액을 낙찰금 이외에 별도로 인수해야 합니다. 정말 위험한 물건이죠.

배당요구종기일 이후 배당신청을 해도 결국엔 배당요구를 안 한 것으로 되는군요. 굉장히 섬뜩하네요.

네. 그러므로 항상 배당요구종기일과 배당요구를 한 날짜를 체크해야 합니다.

경매사건을 살펴보다 보면 안타까운 사건이 종종 나온다. 아래의 사건도 한번 분석해보자.

 이 경매사건 같은 경우 근저당 설정날짜와 전입신고의 날짜가 똑같네요?

 이런 경우에는 어떻게 될까요?

 글쎄요. 그래도 임차인이 전입신고를 했으니 임차인의 대항력을 인정받지 않을까요?

임차인의 점유와 전입신고 날짜는 익일 기준 0시부터 대항력이 발생하기 때문에 근저당 설정 날짜와 동시에 설정되었다고 하더라도 근저당권자보다 후순위 임차인이 됩니다. 따라서 임차인은 대항력이 없어서 보증금을 못 받고 쫓겨날 수밖에 없습니다.

 실제로 이런 사례가 많나요?

 생각보다 많습니다. 그러므로 임차인은 임대차계약을 할 때 등기부등본을 확인하여 별도의 근저당 설정은 없는지 주의 깊게 살펴보아야 합니다. 또 임대차계약서에 근저당 설정을 불가한다는 특약문구를 추가하기를 권합니다.

특약문구 예시

임대인은 임차인이 전입신고, 확정일자를 받을 때까지 제한물권(근저당권 등)을 설정하지 않는다. 만약 이를 어길 시 계약금의 2배 그리고 손해배상금을 별도로 청구한다.

 또 한 가지 팁을 주자면, 계약서 작성은 되도록 금요일 오후 16시경에 하면 좋아요. 은행 문 닫기 바로 전에 계약해버리는 거죠.

 정말 공부만이 살길이네요.

06

알아두면 유용한
강제 집행 절차

궁금한 점이 생겼다. 경매 물건을 낙찰을 받고 점유하고 있는 소유자나 임차인이 이사를 안 나간다면 정말로 강제집행까지 갈 수 있을까? 강제집행까지 얼마나 걸릴까?

 경매로 낙찰받고 일주일 정도 매각허가결정이 나올 때까지 기다려야 합니다. 그리고 일주일 정도 소유자가 항고를 할 수가 있어요. 항고가 없다면 그로부터 약 30일 뒤쯤에 매각 대금을 납부하고 동시에 보통 인도명령신청을 걸어줍니다. 인도명령신청을 걸고도 안 나간다면 송달 과정이 진행됩니다. 잔금 납부 후 30~40일 뒤에는 배당기일이 잡혀 배당을 받을 사람들에게 배당이 됩니다..

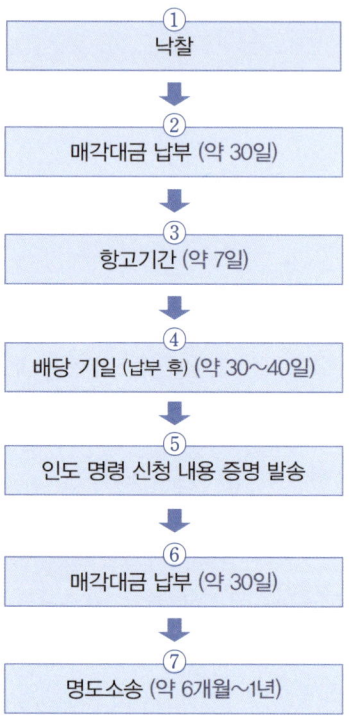

　이 과정에서 인도명령결정문이 나오고 송달한 문서가 도달하여야 강제집행까지 갈 수 있다. 강제집행이 정확히 몇 개월 걸린다고 답하기는 어렵다. 인도명령결정문을 송달하고 도달하는 데 시간이 얼마 안 걸린다면 빠르게 강제집행신청을 할 수도 있다. 보통 강제집행까지 간다면 4~5개월 걸린다.

００지방법원 ００지원

강제집행신청서

○○지방법원 ○○지원   집행관사무소   집행관   귀하

채권자	성 명		주민등록번호 (사업자등록번호)		전화번호	
					우편번호	
	주 소		(전화번호 :)			
	대리인	성 명 : 주민등록번호 :			전화번호	

채무자	성 명	진병길	주민등록번호 (사업자등록번호)		전화번호	
					우편번호	
	주 소		(전화번호 :)			

집행목적물소재지	(※다른 경우는 아래에 기재함)
집 행 권 원	
집행의 목적물 및 집 행 방 법	동산압류, 동산가압류, 동산가처분, 부동산점유이전금지가처분, 건물명도, 철거, 부동산인도, 자동차인도, 기타( )
청 구 금 액	원(내역은 뒷면과 같음)

위 집행권원에 기한 집행을 하여 주시기 바랍니다.

※첨부서류
1. 집행권원   1통
2. 송달증명서 1통
3. 위임장   1통

20 . . .

채권자   (인)
대리인   (인)

※ 특약사항

1. 본인이 수령할 예납금잔액을 본인의 비용부담하에 오른쪽에 표시한 예금계좌에 입금하여 주실 것을 신청합니다.

   채권자(신청인)   (인)

예금계좌	개설은행	
	예 금 주	
	계좌번호	

2. 집행관이 계산한 수수료 기타 비용의 예납통지 또는 강제집행 속행의사 유무 확인 촉구를 2회 이상 받고도 채권자가 상당한 기간 내에 그 예납 또는 속행의 의사표시를 하지 아니한 때에는 본건 강제집행 위임을 취하한 것으로 보고 완결처분해도 이의 없음.

채권자(신청인)   (인)

강제집행서 양식

강제집행을 하기 위한 필요 서류
① 강제집행 신청서
② 부동산 인도명령 결정문
③ 집행문
④ 송달 증명원

 강제집행은 경매의 끝이라고도 할 수 있다. 명도가 해결이 안 되면 강제집행까지 갈 수밖에 없기 때문이다.

대항력 없는 임차인이거나 채무자가 직접 점유하고 있다면 강제집행까지 못 갈 이유는 없다. 결국 시간이 모든 걸 해결해준다고 생각하고 진행해야 한다. 강제집행 절차를 살펴보고 대략 얼마나 걸릴지 예상해보면 강제집행의 스트레스를 줄일 수 있지 않을까.

① **강제집행신청:** 인도명령결정문이 인용되고 송달까지 된다면 그리 어렵지는 않다. 누구에게 대리로 맡기는 게 아니라 본인이 직접 방문하여야 한다. 모두 법원에서 서류는 발급받을 수 있다.

② **집행비용 예납:** 모든 서류를 잘 제출하였다면 법원에서는 집행비용을 예납하라고 한다.

③ **집행 계고:** 강제집행 예정이 00월 00일이니 목적 부동산으

로 오라고 고지한다. 증인 2명도 같이 오라고 한다. 해당 집으로 찾아가 강제집행 신청자에게 해당 부동산을 인도하라는 계고장을 부착하거나 사람이 집에 있으면 읽어주고 온다. 실제로 법원에 담당 집행관이 별도로 연락하고 진행해주기 때문에 너무 걱정할 필요는 없다.

④ **노무비 예납:** 계고를 했는데도 불구하고 부동산을 인도받지 못하게 된다면 집행관 사무실에 또다시 연락하여 해당 사실을 전달한 뒤 본 강제집행 기일을 잡아줄 것을 요청해야 한다. 그러면 법원 집행관 사무실에서 노무비 명목으로 노무비 납부서를 준다. 법원에서도 정확히 노무비의 기준을 설명해주지는 않지만 보통 30평대 아파트를 명도하기 위해서는 300만~400만 원의 노무비를 미리 납부해야 한다.

⑤ **강제집행을 실시:** 집행관과 노무인력들이 현장에 출동한다. 직접 강제집행을 신청한 낙찰자도 현장에 있어야 한다. 기낭이 선생은 집행 일자를 점유자에게 알리지 않는 게 낫다고 팁을 주었다.

⑥ **최고서를 발송:** 강제집행 후 집 내부에 짐들이나 물건들이 있다면 점유자의 짐을 당근에 무단으로 팔면 안 된다. 원칙은 보관창고에 별도로 보관료를 내고 점유자에게 짐을 찾아가라고 최고해야 한다.

⑦ **유체동산을 매각신청:** 보통 점유자는 연락이 닿지 않는다.

강제집행까지 했으니까 그럴 수밖에. 최고서 발송 후 일주일이 지나면 보관창고에 있는 점유자의 짐에 대해서 유체동산 매각 신청을 진행할 수 있다.

⑧ **집행비용 예납 및 공탁:** 유체동산 경매를 위해서 또 집행비용을 예납해야 한다. 법원에서 공탁금액을 미리 알려주면 은행에 납부하면 된다.

⑨ **유체동산의 감정:** 감정평가사에 의해 유체동산의 감정평가가 이루어지고 감정평가상 금액을 알 수가 있다.

⑩ **집행비용 확정결정 신청:** 낙찰자가 점유자를 상대로 부동산 인도집행에 소요된 제반 비용을 청구하면 된다.

⑪ **유체동산경매 실시:** 유체동산이 경매를 통해 매각되고 낙찰금이 발생하게 되면 집행관이 법원에다 공탁을 하고 집행비용 확정결정을 받은 후 금액이 나오면 채권자가 그 금액을 받을 수 있다.

 과정이 정말 복잡하네요. 되도록 이사비용을 어느 정도 주고 빨리 명도를 끝내는 게 좋을 것 같아요.

 맞아요. 모든 강제집행 과정을 끝내는 데는 보통 5~6개월, 그 이상도 걸립니다. 하지만 강제집행을 하면 점유까지 할 수 있으니까요. 강제집행에 대해서 너무 두려워하진 말아요.

07

특이한 경매 사례 3가지

낙찰까지 받았는데 당혹스러운 상황을 맞닥뜨릴 수 있다. 기낭이 선생이 겪은 3가지 사례를 소개한다. 혹여 닥칠 변수에 대처하는 데 참고가 되기를 바란다.

낙찰받고 이전등기까지 마쳤는데 유치권을 신고했다고요?

낙찰받기 전부터 현장을 조사해보니 이상한 이해관계인들이 있는 것으로 파악이 되었어요. 특히나 경매개시결정 기입등기가 2020년 4월 20일로 되어 있는데 2020년 6월 15일이 되어서야 유치권 신고가 들어온 것입니다. 말소기준등기인 압류 이후에 2개월이나 지나서 유치권 신고가 된 것이죠. 민사집행법 제 92조 1항, 제 83조 4항에 따른 압류의 처분금지효에 저촉됩니다.

이미 낙찰자가 현장조사도 했고 어떠한 점유 흔적도 찾아볼 수 없었죠. 낙찰을 받고 30~40일이 지난 후 잔금 치를 때

가보니 점유를 하고자 유치권 주장자들이 카메라 설치를 해놓은 것이에요. 낙찰받고 전 소유자와 이사비용 가지고 합의가 안 되니 후순위 채권자들이 유치권으로 둔갑해서 나타나는 경우예요.

이렇게 점유도 불안전 하고 유치권 신고도 경매개시결정 기입등기 이후에 되었는데 결국 '인도명령' 신청을 하면 안 받아줄까요? 결국 유치권도 허위로 위장하거나 여러 가지 증거들을 잘 수집해놓아 제출한다면 인도명령결정문 인용까지 유리한 포지션을 가져갈 수 있습니다.

낙찰받은 물건의 면적이 달라졌다구요?

부동산 경매에서 낙찰받은 물건의 면적이 다른 경우도 있었어요. 부동산 경매사건을 낙찰받을 당시에는 대지의 면적이 398㎡라고 되어 있고 해당 조사대로 낙찰을 받았는데 낙찰된 이후 보니 지적재조사가 되어 면적이 좁아진 게 아니겠어요? 이처럼 면적 자체가 좁아졌다면 매각 허가 결정 기일 내에 재빨리 불허가 신청을 해야 합니다..

지 목	면 적	등기원인 및 기타사항
대	398m²	
		부동산등기법 제177조의 6 제1항의 규정에 의하여 2002년 05월 03일 전산이기
대	331.2m²	지적재조사 완료

만약 매각 허가 결정기일이 지나고 대금 납부 전에 이런 상황이 발생한다면 어떻게 해야 할까? 매각 허가 결정 취소 신청을 해야 한다. 매각 허가 결정의 확정 뒤에 사실이 밝혀졌기 때문에 매각 허각 결정의 취소 신청할 수 있다. 그럼에도 불구하고 낙찰자가 소유권을 이전받으려면 집행법원에 대금감액 신청을 할 수 있다. 집행법원에서 위험부담과 하자담보 책임 규정을 적용하여 감액 결정을 해줄 것이다. 사실 이런 일을 경험하지 않기 위해서는 경매 사이트를 꼼꼼하게 보고, 등기부등본상 변동된 내역이 있는지 별도로 확인해보는 게 좋다.

 선순위 근저당 채권금액이 작은 경우에는 끝까지 대위변제를 생각하라고요?

 선순위 근저당이 2,000만 원 잡혀 있고 후순위 임차인이 2

억 원의 임차보증금이 있다고 가정해보세요. 경매 제도에서 후순위 임차인이 선순위 근저당을 대신해서 변제해버리는 경우에는 권리순위가 바뀌어버립니다. 이런 경우 선순위 근저당 2,000만 원은 소멸이 되고 3순위에 근저당이 있는 경우 후순위의 임차인 2억 원에 대해서 낙찰자가 배당을 받지 못하는 금액에 대해서 전부 다 인수해야 하는 경우가 있거든요? 선순위 근저당 금액이 작은 경우에는 이런 현상이 발생합니다. 낙찰받기 전에 이런 위험성을 미리 생각해보고 지속적으로 팔로우하는 게 좋아요.

08

디데이, 내가 살고 있는 집이 경매에 오른 날

내가 임차인으로 살고 있는 집은 보증금 8,000만 원에 월세 80만 원으로 계약하였다. 하지만 집주인이 보증금을 돌려주지 않는다. 결국 선순위 근저당을 설정한 은행에서 경매로 넘기고 임의경매로 경매 날짜가 잡혔다. 경매를 공부해보니 남 탓은 소용없었다. 전부 다 내 잘못이구나 생각하게 되었다.

다음부터는 임대차계약을 하기 전에 등기부등본을 철저히 확인할 생각이다. 공부한 내용을 바탕으로 임대차계약 시 행동강령을 정했다.

① 임대차계약하려는 집에 너무 과한 근저당 혹은 가압류 설정이 되어 있는지 확인할 것
② 집주인의 세금 체납내역 등 확인할 것
③ 전입신고와 확정일자는 항상 최선순위로 할 것
④ 전입신고와 확정일자보다 더 경매로 진행하기 편한 전세권까지 설정할 것

⑤ 보증보험에 가입할 것

　내가 돈이 있었다면 경매로 넘어간 이 집에 입찰을 넣어보았겠지만……. 돈이 없었다. 경매로 넘어간다고 하니 이름도 모르는 사람들이 집 앞에 왔다 갔다 하였다. 집 안에 들어오는 사람도 여럿 있었는데 처음에는 기분이 나빴지만 내 보증금을 회수하기 위해서는 이 집의 상태에 대해서 정확히 전달할 필요가 있었다.
　나의 전입신고, 확정일자보다 빠르게 배당 우선순위가 있는 금

건물등기 (채권합계금액: 562,600,000원)

순서	접수일	권리종류	권리자	채권금액	비고	소멸
갑(2)	2014-09-26	소유권이전	김갑돌		매매	
을(2)	2014-09-26	근저당권설정	농협은행	39,000,000	말소기준등기	소멸
을(3)	2018-08-06	근저당권설정	농협은행	249,600,000		소멸
을(5)	2020-04-10	근저당권설정	이웅	30,000,000		소멸
갑(7)	2020-11-13	가압류	농협 신용보증재단	20,000,000	2020카단2366	소멸
갑(11)	2021-12-24	압류				소멸
갑(12)	2022-01-20	가압류	박영희	74,000,000	2022카단50158	소멸
을(6)	2022-05-18	주택임차권	김철수	50,000,000	차임:600,000원, 범위:건물전부 2022카임5040 전입:2021.08.19 확정:2019.12.31	소멸

임차인 현황 (말소기준일(소액): 2014-09-26　배당요구종기일: 2023-05-08)

점유목록?	임차인	점유부분/기간	전입/확정/배당	보증금/차임	대항력	분석	기타
1	서용진	주거용 전부 2020.01.04.~	전입:2021-08-19 확정:2019-12-31 배당:2022-05-18	보:50,000,000원 월:600,000원	없음	소액임차인 주임법에 의한 최우선변제액 최대 2,000만원 순위배당 있음	임차권등기자

액은 총 3억 3,000만 원 정도였다. 하지만 기낭이 선생의 말로는 은행에서 보통 120% 근저당 설정하니 2억 8,000만 원 정도가 실제 채권자들의 금액일 거라고 했다. 내가 살고 있는 부동산 건물에 최초 근저당이 설정됐던 시기는 2014년이기에 3,200만 원까지 최우선 변제 받을 수 있었다.

경매를 배우기 전에는 마냥 두려웠는데 배당순위를 정하고 얼마 이상에 낙찰이 되면 내가 보증금을 회수할 수 있는지 정확히 알게 되었다. 대략 3억 6,000만 원 이상에 낙찰이 된다면 내 보증금을 거의 회수할 것이다. 초조한 마음으로 경매를 지켜보았고…….

법원에서 3억 8,500만 원에 내 전셋집이 낙찰되었다!!

계산을 해보니 보증금은 전부 회수할 것 같네요. 정말 다행입니다. 아마 집을 찾아오는 분들한테도 상황을 정확히 설명하고 부동산 상태에 대해서 전달도 잘해서 이런 결과가 나온 것 같아요. 사실은 임차인우선매수신고라고 있어서 손해 볼 상황이었다면 차라리 임차인이 낙찰을 받아도 좋은 상황이긴 한데요. 자금 상황이 여의찮다면 배당순위를 따져 본인이 배당받아 갈 방향으로 기대해야 합니다.

네. 경매를 배우기 전에는 마냥 두려웠는데, 공부한 덕에 보증금 회수 여부를 어느 정도 예측할 수 있어서 마음을 놓고 기다릴 수 있었습니다. 감사합니다.

네, 근데 이게 끝이 아니에요. 기본적으로 낙찰이 되고 잔금까지 30~40일 그리고 채권자들에게 배당이 되기까지 또 40일이 더 걸려요. 배당기일이 정해지게 된다면 낙찰받은 사람에게 명도확인서를 받아야 합니다. 일전에 우리 명도확인서 양식 보셨죠? 낙찰자인 최고가매수인이 잔금을 치르게 되면 배당기일 이후 임차인은 낙찰자의 명도 합의서와 낙찰자의 인감증명서를 법원에 제출하게 됩니다. 그래야 보증금을 전부 받을 수 있습니다. 다만, 배당받기 전에 법원에서 채권계산서를 작성하게 될 거예요. 경매 나오고 나서는 월세 80만 원도 내지 않았기에 그 부분을 제외하고 배당을 받게 될 겁니다. 정말 고생하셨어요.

네. 제가 임차인으로 있으니 전셋집을 낙찰받은 사람은 명도 과정이 수월하겠는데요. 하하하.

하하하.

다시 한번 말하지만 내가 전세사기 피해자가 될 줄 몰랐다. 전세 사기를 당해 경매 공부를 시작했지만 앞으로의 인생에 큰 도움이 되었다. 나 같은 경우 배당기일이 잡히고 보증금 전액에 대해서 배당을 받아 갔지만 지금도 수많은 사람이 전세 사기로 인해 고통받고 있다. 대한민국 앞에 '사기 강국'이라는 불명예스러운 수식어까지 붙을 지경이다.

  전세 사기를 당한 모든 사람이 가장 힘들고 막막한 점으로 꼽는 게 '대체 어떻게 돈을 되돌려받는지, 정말 돌려받을 수 있는 건지'이다. 그리고 대다수가 임대차 보증금 반환 소송을 통해 경매로 넘어갔을 때 어떤 과정으로 경매가 진행되는지 모른다.

  그렇다고 전세 사기를 당했다고 너무 자책하지 않기를 바란다. 학교 다녔을 때도, 성인이 되어서도 누구 하나 그 과정에 대해서 가르쳐준 사람이 없지 않은가. 게다가 변호사를 찾아가기도 현실적으로 힘든 게 사실이다.

  기낭이 선생을 만나 경매를 배운 덕분에 전셋집의 경매일이 다가왔어도 어느 정도 마음을 놓고 지켜볼 수 있었다. 그리고 앞으로 임대차계약을 할 때 무엇을 보아야 하는지도 확실히 알았다. 스스로 배움을 쌓는 것, 그것이 사기를 당하지 않는 가장 효과적인 예방이 아닐까.

재테크 생초보의 좌충우돌 경매 도전기
월급 200만원인데 부동산 경매 투자 어떻게 하지?

초판 1쇄 인쇄 2025년 9월 10일
초판 1쇄 발행 2025년 9월 15일

지은이 김동찬
책임편집 하진수
디자인 그별
펴낸이 남기성

펴낸곳 주식회사 자화상
인쇄,제작 데이타링크
출판사등록 신고번호 제 2016-000312호
주소 경기도 고양시 덕양구 꽃마을로 34, 1006호,1007호(향동동, DMC스타팰리스)
대표전화 (070) 7555-9653
이메일 sung0278@naver.com

ISBN 979-11-94440-12-3 13320

ⓒ김동찬, 2025

파본은 구입하신 서점에서 교환해 드립니다.
이 책은 저작권법에 의하여 보호를 받는 저작물이므로 무단 전재와 복제를 금합니다.